高等职业教育智慧财经系列教材

U0690466

RPA财务机器人应用与开发

RPA CAIWU JIQIREN YINGYONG YU KAIFA

主　编　牛秀粉　赵素娟

本书另配：教学课件
　　　　　教　　案
　　　　　课程视频
　　　　　课程标准
　　　　　程序源码
　　　　　上机指导手册

中国教育出版传媒集团
高等教育出版社·北京

新形态
教材

内容摘要

本书为高等职业教育智慧财经系列教材之一。

本书注重复合型财务人员的培养,对接会计技能国赛,对接1+X职业技能等级证书要求,基于RPA技术在财务中的应用场景和实践操作,围绕着财务领域人工操作重复、量大、时间长的工作任务开发机器人。

本书顺应"智能财务"需求,规划"项目导向"路径,明晰"德技并修"目标;深化"校企双元"合作,打造"多维立体"资源。内容主要包括四个模块:人工智能技术与RPA机器人,RPA工具之UiPath,开发财务机器人,开发商务机器人。全书结合项目导向特点,引导学生做中学,学中做,由浅入深,由简单到复杂,在对项目任务的循环操作中,逐步掌握机器人的开发和应用方法。

为利教便学,本书配套建设了Abook在线课程,提供微课视频与操作录屏。此外,本书另配有教学课件、教案、课程标准、程序源码、上机指导手册等教学资源,供教师教学使用。

本书既可作为高等职业教育财经商贸大类专业的数智化教材,也可作为其他专业拓展课程使用。

图书在版编目(CIP)数据

RPA财务机器人应用与开发 / 牛秀粉,赵素娟主编
. —北京:高等教育出版社,2023.1(2025.7重印)
ISBN 978-7-04-059596-3

Ⅰ.①R… Ⅱ.①牛… ②赵… Ⅲ.①财务管理-专用机器人-高等职业教育-教材 Ⅳ.①F275②TP242.3

中国国家版本馆CIP数据核字(2023)第005283号

策划编辑 卢瑞卿 毕颖娟 **责任编辑** 卢瑞卿 钱力颖 **封面设计** 张文豪 **责任印制** 高忠富

出版发行	高等教育出版社	网　　址	http://www.hep.edu.cn
社　　址	北京市西城区德外大街4号		http://www.hep.com.cn
邮政编码	100120	网上订购	http://www.hepmall.com.cn
印　　刷	上海叶大印务发展有限公司		http://www.hepmall.com
开　　本	787mm×1092mm　1/16		http://www.hepmall.cn
印　　张	16		
字　　数	392千字	版　　次	2023年1月第1版
购书热线	010-58581118	印　　次	2025年7月第3次印刷
咨询电话	400-810-0598	定　　价	35.00元

本书如有缺页、倒页、脱页等质量问题,请到所购图书销售部门联系调换

前 言

在数字经济时代,信息技术革命广泛而深刻地影响着经济社会发展的变革,有着经济运行"核算器"和"晴雨表"之称的会计行业,自然首当其冲,概莫能外。2022 年 7 月 30 日,上海国家会计学院连续六年公布的《影响中国会计人员的十大信息技术评选报告》中,机器人流程自动化(robotic process automation,RPA)、财务云、会计大数据分析与处理技术、中台技术(数据中台、业务中台、财务中台等)、电子会计档案、电子发票、在线审计与远程审计、新一代企业资源计划(enterprise resource planning,ERP)、在线与远程办公、商业智能(BI)成为本次影响国家会计从业人员的十大信息技术。

为顺应会计改革,加快推进传统财务会计类专业向"大数据"转型,教育部在发布的《职业教育专业目录(2021 年)》中,已经把会计专业调整为"大数据与会计"专业。在教育部颁布的《高等职业教育专科信息技术课程标准》中,建议开设机器人流程自动化、大数据、人工智能等模块课程;《高等职业学校大数据与会计专业实训教学条件建设标准》中,明确提出建设智能财会实训室,用于财务机器人、RPA 机器人财税流程自动化等项目实训。

教学改革教材先行,新课程建设首先要有新教材。为贯彻落实党的二十大精神,全面落实国家教育方针和政策,编写团队根据《国家职业教育改革实施方案》:"及时将新技术、新工艺、新规范纳入教学标准和教学内容,建设一大批校企'双元'合作开发的国家规划教材,倡导使用新型活页式、工作手册式教材并配套开发信息化资源"和教育部《关于职业院校专业人才培养方案制订与实施工作的指导意见》:"促进书证融通,将职业技能等级标准有关内容及要求有机融入专业课程教学"等政策要求,特编写本书。

本书采用了"校企合作"的方式,由河南经贸职业学院、廊坊职业技术学院、厦门网中网软件有限公司三个单位集中优势力量,汇集优质资源进行编写。编写团队着眼于经济社会对高质量财会人才的需求,注重"大智移云物"背景下新型复合型财务人员的培养,基于 RPA 技术在财务中的应用场景和实践操作,围绕财务领域人工操作重复、量大、时间长等工作任务及特点,开发这本新型活页式教材。本书主要呈现以下特点:

1. 顺应"智能财务"需求

RPA 财务机器人是近几年会计领域的研究热点,以自动化代替人的操作,辅助财务人员完成交易量大、重复性高、易于标准化的基础业务,解放了财务人员的双手,体现了大数据时代传统核算型会计向智能型会计发展的新技术、新要求、新趋势，顺应了行业发展和人才培养的新需求，贴合学生未来职业岗位发展的新期盼。

2. 规划"项目导向"路径

本书以精心设计的典型工作任务为载体，按照"任务描述—知识准备—任务实施—任务小结"的流程完成机器人开发任务。通过分析 RPA 技术在财务工作中的应用场景，梳理出人工和机器人的工作流程，实施机器人的开发和应用。每个项目的任务按照由浅入深、由简单到复杂进行设计，学生在多个任务的循环操作中，逐步掌握机器人的开发和应用方法。

3. 明晰"德技并修"目标

课堂教学是思想教育的主阵地、主战场，本书着力将教书育人落实于课堂教学的主渠道之中，细化课程思政。教材在内容设计上以德育为导向，将思政融入工作场景，实现德技并修；将大数据、智能化思维融入教材，培养学生的创新意识和创新能力，实现职业技能和职业精神培养高度融合。

4. 深化"校企双元"合作

本书编写贯彻"关于深化产教融合的若干意见"（国办发〔2017〕95 号）精神，按照"多元主体、优势互补"的构成原则，邀请企业专家、优秀"双师型"教师参与教材编写。编写团队由企业的计算机与财会复合专家、学校的财会教师、计算机教师组成，学校教师设计具体的应用场景，厦门网中网软件有限公司提供技术支持及相关素材，校企双方精心合作，共同完成编写任务。

5. 打造"多维立体"资源

本书编写结合当前"三教"改革，根据混合式教学模式变化，针对财务会计类专业特点，开发了配套的立体化资源。本书另配有教学课件、教案、课程标准、程序源码、上机指导手册等教学资源，供教师教学使用；本书配有有关理论和实践课程的视频讲解和 Abook 在线课程网站，为读者提供丰富的学习资源和灵活、创新的教学方法路径选择。

本书由河南经贸职业学院牛秀粉、廊坊职业技术学院赵素娟担任主编，由河南经贸职业学院张朝阳、张州，廊坊职业技术学院孙丽丽担任副主编，厦门网中网软件有限公司组编。牛秀粉与企业老师共同负责教材的整体设计、编写思路和框架制定。本书具体编写分工如下：模块一由牛秀粉编写，模块二中的任务一、任务二由滚昌秀编写，任务三、任务四由窦路静编写，模块三中的任务一、任务二、任务三由赵素娟编写，任务四、任务五由孙丽丽编写，任务六、任务七由张朝阳编写，模块四由张州编写。本书由牛秀粉、窦路静和滚昌秀共同审定。

在本书编写过程中，我们力求内容的尽善尽美，但由于团队是第一次探索 RPA 技术在财务工作场景中的教学内容设计，水平有限，疏漏之处在所难免，恳请读者批评指正。

编　者

2023 年 1 月

目 录

新用户仅4步，即可轻松学起来！

01 注册　02 登录　03 绑定课程　04 进入课程

数字课程使用说明

　　与本书配套的数字课程资源发布在高等教育出版社 Abook 网站，请登录网站后开始课程学习。

一、注册/登录

　　访问 http://abook.hep.com.cn，点击"注册"，在注册页面输入用户名、密码及常用的邮箱进行注册。已注册的用户直接输入用户名和密码登录即可进入"我的课程"页面。

二、课程绑定

　　点击"我的课程"页面右上方"绑定课程"，正确输入教材封底防伪标签上的 20 位密码，点击"确定"完成课程绑定。

三、访问课程

　　在"正在学习"列表中选择已绑定的课程，点击"进入课程"即可浏览或下载与本书配套的课程资源。刚绑定的课程请在"申请学习"列表中选择相应课程点击"进入课程"。

　　如有账号问题，请发邮件至：abook@hep.com.cn。

遇见更爱学习的自己

模块一 岗前认知 人工智能技术与 RPA 机器人

 模块导入

在过去几十年中,全球劳动力人口结构发生了较大变化。我国在 2010 年前后,走过了刘易斯拐点,人口红利逐渐消退。2021 年我国 60 岁及以上人口和 65 岁及以上人口比重达到新高,老龄化程度进一步加深。与此同时,城镇单位就业人员平均工资逐年上涨。随着企业劳动成本上升速度开始超过劳动生产率的提高速度,劳动力成本上升对企业竞争力的影响日益显现,企业应采取各项措施积极应对。

联合国贸易和发展会议发布的《2019 年数字经济报告》显示,根据定义的不同,数字经济的规模估计占世界国内生产总值的 4.5％～15.5％。2021 年我国数字经济规模达 45.5 万亿元,占当年 GDP 比重达 39.8％,数字经济在中国发展迅猛,我们已经处在数字经济的时代。

数字经济时代信息技术深刻地影响着商业社会,作为信息记录和报告的会计同样被深刻地影响。2022 年 7 月 30 日,上海国家会计学院连续六年公布的《影响中国会计人员的十大信息技术评选报告》中,机器人流程自动化(RPA)与财务云、会计大数据分析与处理技术、中台技术(数据中台、业务中台、财务中台等)、电子会计档案、电子发票、在线审计与远程审计、新一代企业资源计划(ERP)、在线与远程办公、商业智能(BI)成为本次影响国家会计从业人员的十大信息技术。

RPA 作为系统之间、数据之间连接的接口,将在企业数字化转型中扮演重要角色。

任务一 智能财务认知

🔹 **知识学习目标**
- 了解科技引领下的工业变革和财务模式变革。
- 了解新技术对财务工作的影响。

🔹 **技能训练目标**
- 能识别企业的财务模式。
- 能理解 RPA 和人工智能的概念。

- 能区分 RPA 和人工智能。

🔴 **素质教育目标**

- 通过工业变革、财务模式变革的学习,使学生认识到科技创新是牵动经济社会发展的"牛鼻子"。
- 通过了解新技术对财务工作的影响,培养学生紧跟技术发展、与时俱进学习的意识。

一、科技引领下的财务模式变革

(一) 工业革命

1. 第一次工业革命(机械化革命)

18 世纪 60 年代到 19 世纪中期,人类开始进入蒸汽时代。瓦特改良蒸汽机后,1784 年问世的珍妮纺织机实现了生产的机械化,从而催生了车间、工厂这种新型生产组织模式,大量农民与手工业者成为产业工人,人类从农耕文明走向了工业文明。

2. 第二次工业革命(电气化革命)

19 世纪下半叶到 20 世纪初,电灯照亮了黑夜,工厂转变成流水线,操作和管理实现了分离,由经验管理转换成科学管理。标志事件是 1870 年,美国辛辛那提屠宰场的自动化生产线建成,企业能够实现大批量、流水线式生产,该时期以福特汽车为代表,工业进入了大批量的生产阶段。

3. 第三次工业革命(信息化时代)

20 世纪 70 年代,计算机开启了信息化变革,人们的工作、生活和办公走向了自动化。核心技术就是可编程逻辑控制器(programmble logic controller, PLC)以及后来的互联网等信息化支撑下的自动化。进入信息化革命后,人们可以从繁复的劳动中得到初步解放,从而将更多精力投入创造性工作当中。此后,技术进步呈加速状态,新兴技术转化为产品的周期越来越短。

4. 第四次工业革命(智能化时代)

21 世纪开始,以"大智移云物"为代表的信息技术推动了整个变革,人类社会将实现从信息化向智能化的重大转变。

(二) 财务变革

技术进步引发了财务的四次变革:

1. 第一次变革

1494 年,现代会计之父卢卡·帕乔利让复式记账法在世界传播,1640 年前后山西帮商人所创的"龙门账"是我国最早的复式记账法。复式记账可以清晰地反映企业的业务状况和经济状况。"有借必有贷,借贷必相等"至今仍被会计学奉为圭臬。

2. 第二次变革

会计电算化是会计学进入信息时代的产物,它是会计学、电脑与信息技术、企业管理及经济计量学等学科相互交叉结合后产生的综合性学科。我国的会计电算化事业自 1979 年起步以来已经历了 40 多年的发展历程,无论在业务处理还是在储存上,会计电算化都大大提高了财务的工作效率。

3. 第三次变革

互联网的出现跨越了时空的界限,20 世纪末通过流程再造和系统再造实现了财务共享服务变革,将企业原本分散在各地的重复的、手工操作的基础财务业务集中到共享服务中心去处理,使得企业财务部门人员有更多的精力从基础的核算业务中释放出来,投入更加有价值的工作中去。

4. 第四次变革

21世纪初大智移云物的出现革新了财务的技术工具,悄然改变着财务的工作模式,特别是改变了知识结构,财务工作更加趋向自动化、智能化和数字化。

二、对财务工作产生影响的新技术

"大智移云物"时代的到来正在促使未来成为一个"万物互联、无处不在、开放共享"的智能时代,信息化的浪潮以不可阻挡的态势席卷而来,改变着生产和生活的方方面面。对财务工作产生巨大影响的新技术如下。

(一) 大数据

大数据(big data),是一种规模大到在获取、存储、管理、分析方面大大超出了传统数据库软件工具能力范围的数据集合,具有海量的数据规模、快速的数据流转、多样的数据类型和价值密度低四个特征。有了大数据以后,会发现财务原来处理的是连"小数据"都称不上的一个标准化的"小小数据"。大数据有4"V"特征,分别是:

1. 数据量大(volume)

大数据通常指100 TB(1 TB=1 024 GB)规模以上的数据量,数据量大是大数据的基本属性,根据国际数据资讯(IDC)公司监测,全球数据量大约每两年就翻一番。大数据的出现,使得信号能够以最原始的状态保存下来。

2. 类型繁多(variety)

数据种类繁多、复杂多变是大数据的重要特性。大数据的类型不仅包括网络日志、音频、视频、图片、地理位置信息等结构化数据,还包括半结构化数据甚至是非结构化数据,具有异构性和多样性的特点。

3. 价值密度低(value)

当下,数据呈指数增长的同时,隐藏在海量数据的有用信息却没有相应比例的增长。挖掘大数据的价值类似沙里淘金。例如,商场的监控视频,连续数小时的监控过程中可能有用的数据仅仅只有几秒钟。如何通过强大的机器算法更迅速地完成数据的价值提炼,是大数据时代急需解决的难题。

4. 数据处理速度快(velocity)

数据处理速度快可以理解为大数据能更快地满足实时性要求。需要实时分析而非批量式分析,数据的输入、处理和分析连贯性地处理,也是大数据区分于传统数据挖掘最显著的特征。

大数据技术下,财务人员可以对海量数据进行处理和管控,主要体现为对业务数据、财务数据、分析数据的集中管理与应用,财务职能逐渐从"管控"过渡到"赋能"。在采购流程中,财务人员通过大数据从采购订单源头进行管控,在采购过程中可以将采购平台、税局发票库、资金支付、账务处理四个系统的数据进行协同。

(二) 人工智能

在传统财务工作中,大量简单、重复、低效的基础工作需要人工处理,这部分工作占用了财务人员大部分的工作时间和精力。从简单、重复和低效的工作中解放出来,是企业都在思考的问题。随着大智移云等技术的不断进步与发展,自动化和智能化被逐步应用到企业财务工作中，应用 RPA 以及 AI 提升企业财务效率已经是大势所趋。人工智能在日常生活中应用也比较广泛，如扫地机器人、智能化建筑、智能化医疗、智能化工厂和无人驾驶汽车等。

财务机器人借助语音录入、自动扫描等方式替代人工，会计的凭证、账簿、报表全部自动生成。流程自动化机器人的出现能帮助财务人员实现财务工作的自动化、智能化，全面提升工作效率，降低企业成本。

（三）移动互联网

移动互联网是指移动通信终端与互联网相结合成为一体的新兴领域，主要由移动终端、移动通信网络和公众互联网服务等三个要素构成，涉及无线蜂窝通信、无线局域网以及互联网、物联网、云计算等诸多领域。用户可以使用手机、PAD 或其他无线终端设备，通过速率较高的移动网络，在移动状态下（如在地铁、公交车）随时、随地访问 Internet 以获取信息，使用商务、娱乐等各种网络服务。

移动互联网的广泛应用，使得财务数据的采集更便捷地前置到业务前端，可实现更多、更精确、更实时的数据采集。财务人员可以基于更丰富的业务数据进行多口径的财务分析，可以为经营决策提供更多有价值的信息。

（四）云计算

云计算（cloud computing）又称为网格计算，它可以在很短的时间内完成规模巨大的数据处理。云计算提供了一种新型的信息获取方式或信息使用模式。云计算的"云"就是存在于互联网上的服务器集群上的资源，它包括硬件资源（如服务器、存储器、CPU）和软件资源（如应用软件、集成开发环境），本地计算机只需要通过互联网发送一个需求信息，远端就会有成千上万的计算机提供需要的资源并将结果返回到本地计算机，这样本地计算机几乎不需要做什么，所有的处理都由云计算提供商所提供的计算机群来完成。云技术的诞生就相当于产业革命时期建立的发电厂，把 CPU 运算资源（云计算）和数据资源（云存储）比作电力，不论是用户还是生产者，不需要自己制造"发电机"（购买服务器、配置系统、维护数据库和网络），只需要将"插座"（终端）插上"电源"，之后按照需求和使用量弹性付费。云计算的表现形式多种多样，简单的云计算在人们日常网络应用中随处可见，比如腾讯 QQ 空间提供的在线制作 Flash 图片，Google 的 Google Doc，Google Apps 搜索服务等。目前，云计算的主要服务形式有：软件即服务（software as a service，SaaS）、平台即服务（platform as a service，PaaS）、基础设施服务（infrastructure as a service，IaaS）。

员工财务报销是云计算在企业中应用最广的一个场景，财务软件通过云计算技术实现内部管理系统与外部商旅平台的连接，员工出差时，在管理平台上可以直接订机票、火车票、酒店等，无须垫支费用。商旅平台定期与公司财务部门结算费用，数据依托云平台传递并核对。

（五）物联网

物联网（the Internet of things）就是"物物相连的互联网"，"物"指物品、万物，即对象；"联"指连接；"网"指网络，即交互能力。简单地说，物联网即万物互联。从网络结构上看，物联网就是通过 Internet 将众多信息传感设备与应用系统连接起来并在广域网范围内对物品身份进行识别的分布式系统。物联网是通过射频识别系统（radio frequency identification，RFID）、红外感应器、全球定位系统、激光扫描器等信息传感设备，将任何物品通过有线、无线方式与互联网连接，进行通信和信息交换，实现智能化识别、定位、跟踪、监控和管理的庞大网络系统，如智能牙刷、健身追踪器、儿童和宠物定位器、婴儿监护器、健康检测和智能冰箱等。

物联网致力于将企业的采购、生产、销售、库存等业务整合到一个信息管理平台。不同于传统的纸质会计资料和传统财务软件基础资料的录入，物联网背景下日常业务信息在物联网中自动生成，财务数据更加真实准确。因为物联网强大的信息传递速度，财务信息的收集、处理和传递几乎同时就能完成，现代财务工作的时间大大缩短。

任务二　RPA 机器人认知

◐ 知识学习目标
- 掌握 RPA 的功能与特点。
- 了解 RPA 的发展趋势。
- 理解 RPA 适用的场景。
- 掌握 RPA 软件的构成。
- 了解常用的 RPA 软件技术。

◐ 技能训练目标
- 能根据特定的业务场景识别企业适合引入 RPA 的领域。
- 能区分 RPA 的不同发展阶段。
- 能根据企业的具体情况选择适用的 RPA 软件。

◐ 素质教育目标
- 了解专业、学科、行业等交叉融合是发展趋势，培养学生养成"厚基础"的学习意识。
- 通过认识的常用 RPA 软件，使学生认识到创新开拓在职业发展中的重要性。

一、RPA 与人工智能技术

企业数字化转型之势浩浩荡荡，顺之者兴，逆之者衰。近两年，迅速崛起的 RPA 机器人流程自动化和人工智能技术，得到了各行业的认可。

(一) RPA 的概念
RPA 即机器人流程自动化，是用于自动化人工任务的软件工具技术，它能根据预先设定的程序和规划，模拟人类与计算机系统的交互过程，自动执行大批量、重复性的任务，并通过简单遵循的规则作出决策，从而实现工作流程自动化。

RPA 技术适用于人工操作重复、量大、时间长的工作任务，如信贷申请、发票识别与录入、银行对账、报销审核与管理、会议室预约、资料归档等。使用 RPA 技术后，工作时间可以从"小时"级压缩到"秒"级，员工可以从繁琐重复的工作中解放出来，将精力聚焦于有更高价值的分析、决策等环节。

(二) 人工智能技术的概念
人工智能(artificial intelligence，AI)概念首次出现于1956年美国达特茅斯学院召开的学术会议上，本意是让机器解决原本只能靠人解决的问题。通俗地讲，就是让计算机来模仿、学习、推理人类的思维方式，制造出能够和人一样思考的机器。

人工智能具有图像识别、文字识别、车牌识别的会看功能；具有语音合成、人机对话的会说功能；具有机器人、自动驾驶汽车、无人机的会行动功能；具有人机对弈、定理证明、医疗诊断等会思考功能;具有语音识别、说话人识别、机器翻译等会听功能;具有机器学习、知识表示的会学习功能。人工智能研究的主要目标是使机器能够胜任一些通常需要人类智能才能完成的复杂工作,如自动驾驶、天猫精灵。不仅这些方面,AI 也广泛地适用于很多电子竞技,比如围棋。

人类使用的很多手机 App 都搭载了人工智能技术,例如拍照就能识别植物的应用、识别图片找同款相似款的应用、拍照识别饭菜并计算它的热量营养的应用等使用了计算机视觉技术;语音助手、谷歌翻译等使用了语音技术与自然语言处理技术;新闻头条等热门新闻播放、打车购物等使用了机器学习技术。

二、RPA 认知

(一) RPA 的功能和特点

1. RPA 的功能

作为一种处理重复性工作和模拟手工操作的程序,总体来说 RPA 可以实现如下五大功能:

(1) 数据检索与记录。RPA 机器人有能力启动和使用各种应用程序,包括打开电子邮件和附件、登录应用程序、移动文件和文件夹、从网页上采集数据。实现数据自动处理,包括数据复制和粘贴、合并、提取、录入等。

(2) 图像识别与处理。RPA 可以通过光学字符识别(optical character recognition, OCR)技术,扫描识别屏幕图像,获取所有的文字信息,并且可以在此基础上审查和分析文字。

(3) 平台上传与下载。RPA 按照预先设计的路径上传和下载数据,完成数据流的自动接收与输出。例如,RPA 可以自动收取邮件,将企业的标准化日记账自动发送至 ERP 系统当中。

(4) 数据加工与分析。数据的加工与分析包括数据检查、数据筛选、数据计算、数据整理、数据校验。例如,在企业账户对账时,RPA 可以对账户的异常数据进行验证,并进行基础研究;自动下载企业详细的月度销售数据并基于规则计算佣金;根据客户合同和预先批准的价格表进行自动化定价的审查。

(5) 信息监控与产出。RPA 可以基于模拟人类判断,实现工作流分配、标准报告出具、基于明确规则决策、自动信息通知等功能。

2. RPA 的特点

RPA 具有如下特点:

(1) 规则性强。RPA 主要替代人工完成大量重复性、标准性、机械性的工作,即基于清晰、明确的流程规则脚本实现,每一步要做什么、如何做,都会给机器人明确的数字触发指令。与之相反的是,流程不清晰、规则不明确、创造性强、系统更新频繁、需要根据人的工作经验做出逻辑判断的工作则不适合用 RPA。

(2) 模拟用户操作与交互。RPA 的核心表现是操纵用户图形界面中的元素,模拟人与计算机系统的交互过程,即调用计算机操作系统的功能来模拟人类通过键盘和鼠标在计算机上进行各种操作,从而实现代替人工完成流程处理任务的功能。RPA 使用起来更简单、更灵活、成本更低、效率更高,这也是 RPA 技术在企业中广泛应用的根本原因。

(3) 非侵入式软件。RPA 是一种非侵入式的软件,可以配置在现有的系统和应用程序之外,无需通过各个系统之间的应用程序编程接口(application programming interface,API),作为企业数字化的"连通器",实现跨系统的数据信息的自动采集和流动。RPA 在不改变现有计算机系统的情况下实施,其本质就是一个"外挂"程序,有助于降低传统 IT 部署中出现的风险和复杂性。

(4) 软件机器人。RPA 机器人并非有实物形态的物理机器人,而是安装在电脑上控制其他应用系统的软件机器人。RPA 是结合相关技术,按照人类的执行规则和操作过程去执行同样的流程,以减少重复工作中的人力投入,降低产生人为操作失误的风险,确保信息及时、安全、可靠。

(二) RPA 的发展趋势

1. 与 ERP 和 CRM 集成

RPA 具有"无侵入性"且配置灵活,能够连接多个异构系统,模拟人在电脑上不同系统间的操作行为,自动执行重复、规律的任务。许多企业已将 RPA 集成在原有的企业资源计划 (enterprise resource planning,ERP) 系统和客户关系管理 (customer relationship management,CRM) 系统上,打通了数据壁垒。此外,将 RPA 与非 IT 系统 (如 HR 系统、财务系统) 集成,有助于最大限度减少人为失误,保持数据准确性,提高数据可见性。

2. AI 能力成标配

市场对 RPA 的预期越来越高,各类 RPA 产品层出不穷,AI 能力正成为新一代 RPA 产品的标配。RPA 将更多地与机器学习 (machine learning,ML)、自然语言处理 (natural language processing,NLP)、认知计算 (cognitive computing,CC) 等 AI 技术相结合。经过 AI 赋能的 RPA,在读取非结构化数据、做决策、保障执行任务准确率、衔接人机交互任务上更具备优势,可进一步拓展机器人的工作范围,释放自动化潜力与价值,从而在无需人工干预的情况下,响应更为复杂的需求。

3. 关注数据隐私

RPA 按照严格的隐私和安全协议构建,是"非侵入性"的,可根据特定流程进行定制,对企业其他流程部分的访问权限有限,甚至无法访问。RPA 自动执行流程,可帮助企业确保其数据的安全性和合规性,有效降低人为失误带来的风险。今后的 RPA 将采用强大的加密协议进行开发,结合最新技术,在自动化操作的同时保护数据。

4. 认知业务流程管理

认知业务流程管理 (cognitive business process management,CBPM) 是 RPA 发展的一个阶段,是企业希望利用的下一个重要方面。它将 RPA 与人工智能 (AI)、机器学习 (ML)、自然语言处理 (NLP) 和认知计算 (CC) 等认知技术相结合,打造出能够模拟人进行业务决策的智能助理机器人,实现更有深度的业务场景覆盖。

5. 语义自动化

现阶段,RPA 开发者需要一步一步地告诉机器人该做什么,即使在拖放式、低代码环境中,搭建自动化流程也可能非常复杂。随着文档理解、计算机视觉、机器学习等 AI 技术的发展,语义软件机器人能够识别流程,了解需要哪些数据,知道从何处获取这些数据并将其移动到何处,而无需一步一步地下指令。开发者只需要机器人执行任务或完成工作流,即可启动自动化开发。

(三) RPA 在会计领域的应用

会计领域长期面临着大量枯燥、重复性的工作,面对月底、年底激增的财务信息处理需求,会计人员经常需要加班加点才能完成。财务数据本身涉及企业收入与经营决策,其准确度及合规性要求极高,一旦出现失误,需要承担高昂的代价,面对这种现状,企业需要引入 RPA 进行数据处理。

RPA 的出现能最大化地提高工作效率,减少问题的发生。目前,RPA 在财务领域的主要应用场景包括费用报销、采购到付款业务处理、销售到收款业务处理、总账到报表业务处理和税务管理等。下面介绍几种具体应用场景。

1. 费用报销

费用报销是指业务经办部门在业务发生并获得原始凭据后,根据流程办理的经费结算活动。在企业的财务共享服务中心,费用报销业务量最大,耗时费力,简单烦琐的工作占据了财务人员大量的工作时间。RPA 机器人能够帮助企业提高费用报销的处理效率,提升员工的报销体验。根据费用报销的业务工作流程,企业可以开发费用报销审核机器人、自动付款机器人、财务处理及报告审核机器人等。

2. 采购到付款

采购到付款是指企业从发出采购申请到采购付款的完整过程,包括提出采购申请,下达采购订单,收到货物后根据供应商的发票付款,以及供应商管理、供应商对账等环节。财务机器人可将采购到付款流程中重复性高、业务量大的工作实现自动化,企业可以开发采购订单生成机器人、网银付款机器人、发票订单核对机器人等。

3. 销售到收款

销售到收款是指企业从收到销售订单到收到货款的完整过程,包括收到销售订单,下达发货单,填制出库单,发出货物后根据销售发票收款,以及客户管理、客户对账等环节。财务机器人可将销售到收款流程中重复性高、业务量大的工作实现自动化。在该环节,企业可以开发发票开具机器人、供应商评估机器人、账龄分析机器人和应收账款与收款核销机器人等。

4. 总账到报表

总账到报表是指从日常记账、对账、结账到最后出具报表的全流程,其中标准记账分录处理、对账、期末结账、财务报表编制都可以借助财务机器人完成。在该环节,企业可以开发自动记账机器人、银企对账机器人、期末结账机器人和报表生成机器人等。

5. 税务管理

税务管理作为企业财务工作中非常关键的一环,经常面临税务政策更新变化快,增值税发票认证抵扣工作操作烦琐、耗时长、效率低等诸多痛点。财务机器人的出现为企业税务管理工作带来了较大变革。目前,税务管理已成为财务机器人运用较为成熟的领域。企业为了方便、快速、有效地进行税务管理,可以开发增值税发票抵扣认证机器人、发票开具机器人、增值税发票查验机器人、进销差额提醒机器人和税务申报机器人等。

企业财务人员在从事日常财务工作中可以使用机器人的场景有很多,这里列举的业务场景只是其中一部分。此外,企业除了财务工作中可以使用 RPA 之外,在审计工作中、在日常办公过程中 RPA 也得到了广泛的应用。本书主要阐述部分财务机器人、办公机器人的开发与应用。

三、常用 RPA 软件介绍与选择

(一) RPA 软件组成

RPA 流程自动化机器人的软件产品有多种选择,各有其特点。总体来说,RPA 产品架构通常包括设计器(开发工具)、控制器(控制中心)、执行器(运行工具)三个组成部分。对于 RPA 的这三个组成部分,尽管不同的厂商对其叫法不同,但设计器、执行器和控制器这"三件

套"已成为 RPA 产品的标配。

1. 设计器（开发工具）

设计器是 RPA 的设计生产工具，用于建立软件机器人的配置或设计机器人。通过开发工具，开发者可为机器人执行一系列的指令和决策逻辑进行编程。设计器的主要组成部分包括记录仪和插件（扩展应用），记录仪也被称作录屏，可以记录用户界面中发生的每一步操作，比如用户的鼠标点击操作和键盘输入操作等，是机器人可以在用户界面进行极速、准确操作的基础。设计器提供许多插件和扩展应用，插件和扩展应用可以扩展 RPA 的功能。插件和扩展让运行的软件机器人变得简单，它为开发人员在计算机设备上配置和运行机器人提供了极大的便利，帮助机器人轻松与用户计算机中的其他系统和程序进行交互。

2. 控制器（控制中心）

控制器本质上是一个管理平台，可理解为 RPA 管家，就是负责管理 RPA 机器人的"机器人"。其主要的职责包括：RPA 功能版本管理、RPA 客户端运行监控、任务分配、运行结果展现及日志分析等，需要有 RPA 系统管理员维护和监控 RPA 管家的运行情况。

3. 执行器（运行工具）

执行器本质上是前台用户，执行器用来运行已有软件机器人，或在执行完成时，将运行的结果、日志与录制视频通过指定通信协议，上报到控制中心，确保流程执行的完整性。执行器按照需要人工干预的程度，分为有人值守机器人、无人值守机器人和混合型机器人，这些机器人的特点和优势各不相同，但是各种类型的机器人并不互相排斥，用户可根据其实际需求选择不同类型的机器人来协同运行，以满足不同的项目需要。

RPA 也有很多不能处理的业务场景，那就需要通过外部接口来扩展其功能。设计外部接口的目的是让 RPA 更专注于其擅长的领域，需要设计考虑的接口包括：PowerShell、Webservice、数据库、DLL 插件。

（二）常用的 RPA 软件介绍

目前，RPA 市场已初具规模，国内外涌现出一些比较优秀的 RPA 软件产品，如 UiPath RPA、Anywhere、Blue Prism、华为 WeAutomate RPA、Uibot RPA、影刀 RPA、IS - RPA、Z - Factory、达观 RPA、Uni - RPA、云扩 RPA、金智维 K - RPA 等。本书重点介绍几个常用的 RPA 软件。

1. UiPath RPA

（1）公司简介。

UiPath 产品是由 UiPath 公司开发的 RPA 软件，目前，超过 2 500 个企业客户和政府机构使用 UiPath 来快速部署软件机器人。UiPath 公司 2005 年成立，截至 2020 年，UiPath 已完成 E 轮融资，企业估值高达 350 亿美元。2021 年 4 月，UiPath 于纽交所上市，市值超 2 000 亿人民币。

UiPath 重实施咨询，将大部分的 RPA 实施、客户培训、用户教育、售后咨询等服务交给了生态合作伙伴，包括普华永道、毕马威、德勤、安永、埃森哲等咨询公司。

（2）产品简介。

UiPath 提供社区版产品，提供给 RPA 学习者免费学习。UiPath 产品线丰富，拓展了 AI、process mining 方面的能力，提供了多种托管选项，例如云环境、虚拟机和终端服务。UiPath 支持各种 Web 和桌面应用程序，支持自动登录功能来运行机器人，UiPath 可与.Net，Java，Flash，PDF，Legacy，SAP 配合使用，抓取解决方案准确性最高。

UiPath 产品由三部分组成，设计器（UiPath studio）、机器人（UiPath robot）和管理器

（UiPath orchestrator），设计器是平台的编辑工具，利用它的图形化界面，可以方便地设计出各种自动化的流程。机器人用来执行由 Studio 创建的自动流程；机器人用来集中调度、管理和监控所有机器人。

（3）UiPath 的功能。

UiPath 的功能主要有桌面自动化、Wet 自动化、屏幕抓取自动化、SAP 自动化、Excel 自动化、E-mail 自动化、GUI 自动化、无缝主机自动化和宏记录器的解决方案。

然而，流程的显示方式方面，UiPath 设计器是在"main 窗体"里套入各种"Sequence（序列）"，以方框的形式显示。如果不展开结构，流程的"全景感"比较弱。本书主要采用 UiPath RPA 工具。

2. UiBot RPA

（1）公司简介。

UiBot 产品是由来也科技公司开发的 RPA 软件，来也科技公司创办于 2015 年，由常春藤盟校机器学习博士团队发起，致力于做人机共生时代具备全球影响力的智能机器人公司。2019 年，来也科技公司与奥森科技公司合并，携手机器人流程自动化平台"UiBot"。2022 年，来也科技完成了 C++轮融资，并收购法国对话式 AI 公司 Mindsay。

（2）产品简介。

UiBot 软件平台搭建的机器人，可通过用户使用界面，智能理解企业已有的应用，将基于规则的常规操作自动化，如自动重复读取邮件和系统、进行烦琐的计算、大批量生成文件和报告、完成枯燥的文件检查等工作。能够大幅降低人力成本的投入，有效提高现有办公效率，准确、稳定、快捷地完成工作。

UiBot 包含创造者、劳动者、指挥官、魔法师四大模块，为机器人的生产、执行、分配、智能化提供相应的工具和平台。创造者即机器人开发工具，用于搭建流程自动化机器人；劳动者即机器人运行工具，用于运行搭建好的机器人；魔法师即 AI 能力平台，为机器人提供执行流程自动化所需的各种 AI 能力；指挥官即控制中心，用于部署与管理多个机器人。

（3）UiBot 的功能。

① 针对各类客户端软件界面元素进行各种操作（直接作用于元素，不依赖图像、文字识别，不依赖绝对坐标）；

② 针对网页浏览器的界面元素进行各种操作和傻瓜式数据采集（支持 IE、Chrome 浏览器）；

③ 针对各种办公软件（Excel、Word）的文档进行操作；

④ 基于图像、文本、OCR 等识别方式对界面元素进行各种操作；

⑤ 规模庞大的基础功能（文件、剪贴板、数据处理[时间、文字、数学、数组、字典、集合、数据表]）；

⑥ 多种能力扩展方案（可使用.NET、C++、Python、Lua 等编程语言扩展 UiBot 的能力）。

3. WeAutomate RPA

（1）公司简介。

华为机器人起源于华为全球服务共享中心，在华为内部财务流程中经过四年多的沉淀逐步发展完善，带有较好的"财务基因"。2021 年 4 月 26 日，华为将产品从 AntRobot 升级到 WeAutomate。

（2）产品简介。

WeAutomate 数字机器人平台是以全栈自研的技术能力，助力企业与机构的智能流程自动化实践。平台能实现需求挖掘、自动化设计、调度管理、任务执行、效能评估数字机器人实践全流程。

WeAutomate RPA 由设计器 Studio、执行器 Robot 和管理中心 Management Center 三部分组成。Studio 是基于 Python 语言的流程自动化设计器,即可快速的设计和编写自动化工作流程(类似于编剧设定场景和对白)。Robot 可以执行本地计算机的自动化流程包,也可以接收 Management Center 的命令执行相应的自动化流程包。Management Center 是一个集中调度、管理和监控所有 Robot 的平台,类似于导演现场调度演员的表演。三部分可以比作剧本、演员和导演,用户可以根据自身需求,通过开发设计平台录制一个机器人脚本——剧本,相关操作流程录制完后便会生成一个机器人——演员,而管理中心作为"导演"负责监控和调度机器人,使其演好自己的角色。

(3)产品功能。

① 华为 WeAutomate 数字机器人平台通过融合 OCR、NLP 等科技能力,扩展流程自动化的能力边界;

② 它通过低代码等方式,实现 RPA 机器人的敏捷开发与快速部署,提高了 RPA 的应用效能;

③ 具备"国产化、安全可控和可规模扩展"等特点,可以深度满足客户的全场景、全业务生命周期的数字化转型需求;

④ 设计器通过图形化的录制和设计工具帮助用户降低 RPA 的开发成本,支持图形化的拖拉拽和执行脚本间的灵活转换;

⑤ 支持 XML 命令的源码级别的业务流程的编排,深度集成 python 语言开发,扩展集成各种运行如 c♯、c/c++、java、VBA 和执行脚本等程序。

4. 影刀 RPA

(1)公司简介。

影刀 RPA 是杭州分叉智能科技有限公司的核心产品。2019 年以来间,影刀快速成长为独角兽企业,已获得高盛集团、腾讯、Coatue Manager、高领资本、GGV 纪源资本、红点中国、金沙江创投、初心资本、盈动资本、曦域资本等共 6 轮 2 亿美元融资,目前已赋能上万家企业使用。

(2)产品简介。

影刀 RPA 在电商领域拥有丰富的经验,了解电商场景与客户痛点,在电商上架、营销、客服、物流等各个环节都拥有大量的 RPA 场景。影刀 RPA 帮助企业快速推动"流程再造,机器替人",快速提升人效,构建核心竞争力。影刀 RPA 是采用积木式流程搭建应用,通过对指令的"拖、拉、拽"实现自动化流程的搭建。

(3)产品功能。

影刀能实现的自动化主要体现桌面软件及 Web 程序自动化、手机自动化、鼠标键盘自动化、Excel 自动化、数据库及 SQL 自动化五大方面。

① 桌面软件、Web 程序自动化:包括 ERP、浏览器、CRM、微信、钉钉或业务人员日常使用的任何其他应用程序;支持任何网页的自动化,如网页 JS 脚本、数据提取、数据抓取、Web 表单填写、网页操作、API 调用等,轻松实现自动化的 Web 任务。

② 手机 App 自动化:驱动手机上(真机、模拟器)的任何 APP 进行输入、点击、手势滑动、提取数据等操作;支持同时控制多台手机设备进行自动化。

③ 鼠标键盘自动化：控制键盘和鼠标，发送按键或将鼠标移至何处、模拟击键、鼠标移动和单击以启动应用程序、打开文件夹、运行命令等，从而节省一些重复性的劳动时间。

④ Excel 自动化：支持 Excel 的宏、单元格、Sheet 等各类 Excel 自动化操作，自动生成所需的 Excel 报表。

⑤ 数据库和 SQL 自动化：通过使用影刀来连接任何数据库并自动运行 SQL 查询，提升操作效率及降低安全风险。

本书我们是基于 UiPath 这一工具进行详细介绍，UiPath 提供了 Studio 和 Studio X 版本，Studio 适合给具有一定编程经验的开发人员使用，Studio X 版本适合没有编程基础的个人用户使用，可以通过无代码、拖放式操作实现 RPA 机器人的设计和开发。相较于 Studio 版本，Studio X 更适合开发功能简单的机器人，适合处理重复的 Office、网页等方面的操作。本书机器人开发均采用了 Studio 版本。

模块二　工作准备　RPA 工具之 UiPath

 模块导入

　　随着企业经营业务的多元化和复杂化,企业竞争的优势在于,将人才放在关键的、有价值的工作上,把附加值低的工作让新技术辅助,从而提高工作效率。RPA 技术将改变人们的工作生活方式,代替人从事相关重复性高、低价值的工作,如点击或选择鼠标,填写录入信息,移动文件和文件夹,提取、复制和插入数据,录屏窗口操作,应用系统的访问登录等模拟人类执行一些基于规则的操作。当机器人从事这些重复性高、低价值的任务时,可将人力解放出来,专注于更有价值的为企业增值的战略性工作等。

　　UiPath 通过执行符合标准的精确流程来提高合规性,可以简化流程,节省时间和精力,铺设快速且具有成本效益的数字化转型之路。企业能够更灵活、更快速地做出响应,帮助企业获得更高利润。UiPath 是非侵入性的,可大幅减少对现有系统造成的影响,可快速实施,加速数字化转型。由于 UiPath 减少了单调的日常工作,它同时能够提高员工满意度、参与度和生产力。

　　UiPath 让财务会计流程更加快速简便,以可视化方式轻松地构建自动化流程,并且可以扩展汇总所有金融科技应用程序中的相关数据。财务会计工作中通过使用 UiPath 机器人可最大程度降低企业风险,让报告更加快速、准确,并积极响应不断变化的合规性要求。

任务一　UiPath 软件的下载及安装

知识学习目标
- 掌握 UiPath 官网登录和语言转换方法。
- 掌握下载 UiPath 软件的方法。
- 掌握 UiPath 软件的安装。

技能训练目标
- 能根据提示内容,下载 UiPath 软件。
- 能完成 UiPath 软件的安装。

📕 素质教育目标

- 通过 UiPath 软件下载安装操作的实操,培养学生高效利用网络资源,具备尊重他人知识产权的意识。
- 通过 UiPath 基础知识的学习,帮助学生养成良好的信息安全观念。

一、UiPath Studio 安装包下载

步骤 1:打开浏览器,输入网址:https://www.uipath.com 并访问,如图 2-1-1 所示。

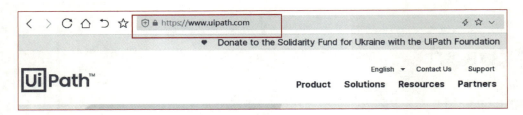

图 2-1-1　访问 UiPath 官网

步骤 2:登录官网后,默认为英文状态,选择更换语言模式,从"English"转换为"简体中文",如图 2-1-2 所示。

图 2-1-2　转换语言模式为"简体中文"

步骤 3:点击"免费试用"或者"开始试用",进入申请界面,如图 2-1-3 所示。

图 2-1-3　进入申请界面

步骤 4:进入下一个界面后,点击社区版下的"立即试用",如图 2-1-4 所示。

图 2 - 1 - 4　点击社区版下的"立即试用"

步骤 5：按提示填写相关信息，如图 2 - 1 - 5 所示。仔细阅读授权许可协议及隐私政策后勾选"同意"并点击"提交"，如图 2 - 1 - 6 所示。

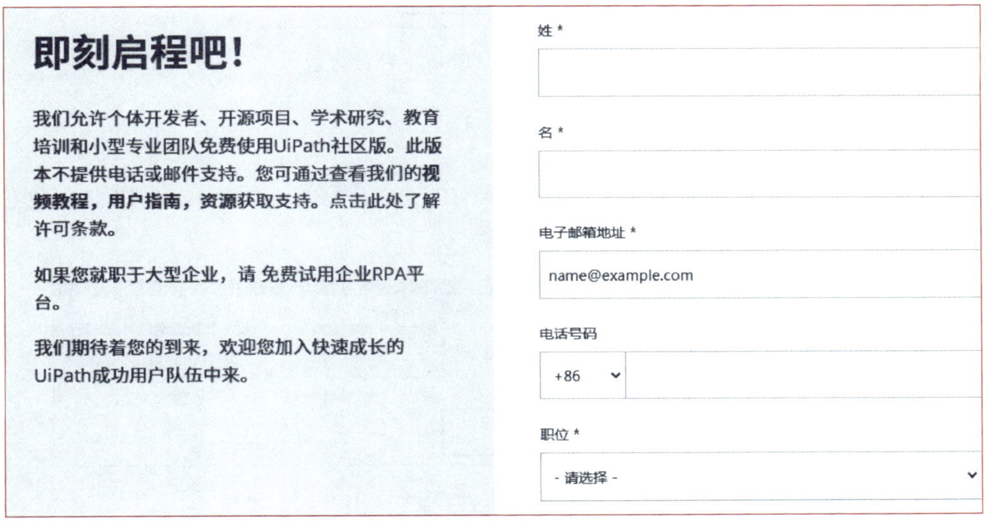

即刻启程吧！

我们允许个体开发者、开源项目、学术研究、教育培训和小型专业团队免费使用UiPath社区版。此版本不提供电话或邮件支持。您可通过查看我们的**视频教程，用户指南，资源**获取支持。点击此处了解许可条款。

如果您就职于大型企业，请 免费试用企业RPA平台。

我们期待着您的到来，欢迎您加入快速成长的UiPath成功用户队伍中来。

姓 *

名 *

电子邮箱地址 *

name@example.com

电话号码

+86

职位 *

- 请选择 -

图 2 - 1 - 5　填写相关信息

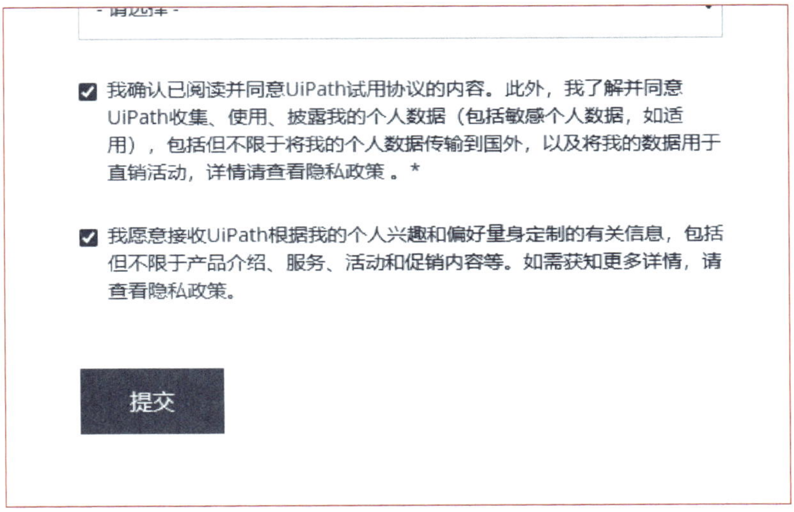

- 请选择 -

☑ 我确认已阅读并同意UiPath试用协议的内容。此外，我了解并同意UiPath收集、使用、披露我的个人数据（包括敏感个人数据，如适用），包括但不限于将我的个人数据传输到国外，以及将我的数据用于直销活动，详情请查看隐私政策 。*

☑ 我愿意接收UiPath根据我的个人兴趣和偏好量身定制的有关信息，包括但不限于产品介绍、服务、活动和促销内容等。如需获知更多详情，请查看隐私政策。

提交

图 2 - 1 - 6　信息填写后提交

步骤 6：提交成功后，查看所填邮箱，如图 2-1-7 所示。

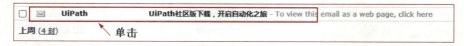

图 2-1-7　查看收件箱

步骤 7：点开邮件，单击"下载 UiPath 平台社区版"，自动转到对应网页进行下载，如图 2-1-8 所示。

图 2-1-8　下载 UiPath 平台社区版

二、UiPath Studio 安装

步骤 1：找到 UiPath 的储存路径。点击"UiPathStudioCommunity.msi"程序包进行安装，如图 2-1-9 所示。

图 2-1-9　点击"UiPathStudioCommunity.msi"程序包

步骤 2：进入安装程序界面后，选择"快速（建议社区版用户使用）"选项并勾选"我接受许可协议中的条款"，再点击"安装"，如图 2-1-10 所示。

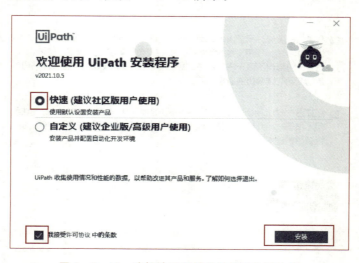

图 2-1-10　选择社区版模式并接受许可协议

步骤3：安装成功后，点击"启动 UiPath Studio"，如图 2-1-11 所示。进入登录界面，如图 2-1-12 所示。

图 2-1-11　启动 UiPath Studio

图 2-1-12　正在打开界程序面

步骤4：在"Sign In to get started"窗口单击"Sign in"选项，进入账号注册界面，如图 2-1-13 所示。

图 2-1-13　进入账号注册界面

步骤 5：选择转换语言模式，从"English"转变为"中文（简体）"。如图 2-1-14 所示。

图 2-1-14　转换语言模式为"中文（简体）"

步骤 6：转换完成后，按界面提示进行 UiPath 账户注册再登录，已有 UiPath 账户的可直接登录，如图 2-1-15 所示。

图 2-1-15　注册或者登录账户

步骤 7：账号登录完成后，根据提示打开 UiPath 软件，将会直接进入"Choose a Profile"界面，选择"UiPath Studio"，如图 2－1－16 所示。

图 2－1－16　选择"UiPath Studio"

步骤 8：登录成功后，界面默认语言为英文，选择"Settings"，进入设置界面，如图 2－1－17 所示。在"Language"下，单击倒三角" "，选择"中文（简体）"，如图 2－1－18 所示。选择完毕后，系统提示重启，选择"Restart"，如图 2－1－19 所示。至此安装结束，中文模式下的 UiPath 界面如图 2－1－20 所示。

图 2－1－17　选择"Settings"

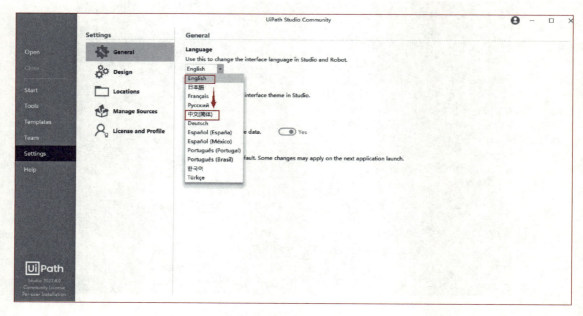

图 2-1-18　选择"中文(简体)"

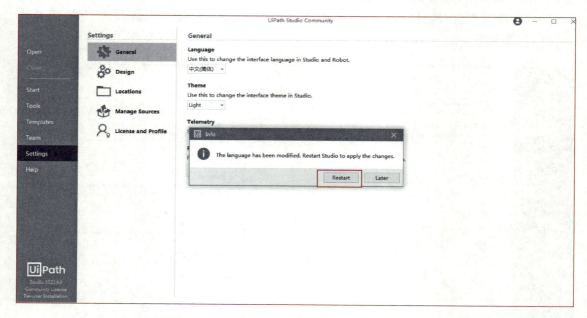

图 2-1-19　选择"Restart"

图 2 - 1 - 20　中文模式下的 UiPath 界面

任务二　UiPath 基础

⊃ 知识学习目标
- 掌握主页界面的内容。
- 掌握设计界面的内容。
- 掌握调试界面的内容。
- 掌握调试并发布机器人的方法。

⊃ 技能训练目标
- 能完成项目以及工作区的创建。
- 能进行属性面板、活动面板等的调用。
- 能进行机器人程序的调试。

⊃ 素质教育目标
- 通过 UiPath 操作基础知识的学习,培养学生积极探索、接受新事物的能力。
- 通过界面功能作用的介绍,培养学生的逻辑思维能力。

一、UiPath Studio 的界面

(一) 主页界面

1.“打开”和“关闭”选项卡

在中文 UiPath 界面,点击“打开”选项卡,可在弹出的对话框中选择想要打开的项目的本

地位置,选择"project.json"文件,点击"打开",如图 2-2-1 所示。点击"关闭"选项卡,关闭已打开的项目。

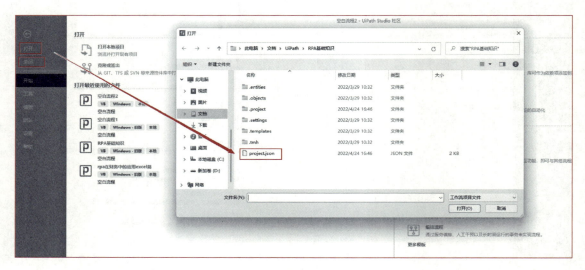

图 2-2-1 "打开"和"关闭"文件

2."开始"选项卡

"打开本地项目"和"打开"选项一样,可选择打开已创建的项目。点击"打开最近使用的文件",可以选择最近编辑的文件,打开相应文件,如图 2-2-2 所示。

图 2-2-2 "打开本地项目"

单击"流程",可以创建新的流程。点击"新建空白流程",设置项目名称、保存位置以及选择 VB 语言,如图 2-2-3 所示。注意在设置项目名称时不能重复。创建成功后,进入设计界面,如图 2-2-4 所示。点击"打开工作流",创建工作区,如图 2-2-5 所示。

3."工具"选项卡

选择相应的 Apps、UiPath 扩展程序以及插件,如图 2-2-6 所示。本界面常用的内容为 UiPath 扩展程序以及插件,在本书的活动练习中将具体介绍。

图 2 - 2 - 3 创建新的空白流程

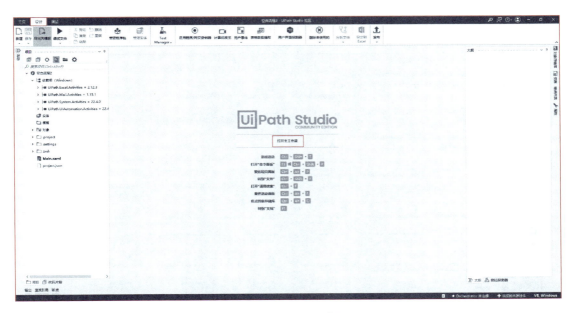

图 2 - 2 - 4 进入设计界面

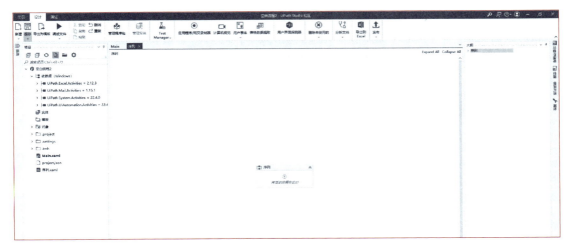

图 2 - 2 - 5 创建工作区

图 2-2-6 "工具"选项卡界面

4."模板"选项卡

选择已经构建好的模板，可在模板中进行适当修改，"模板"选项卡界面如图 2-2-7 所示。

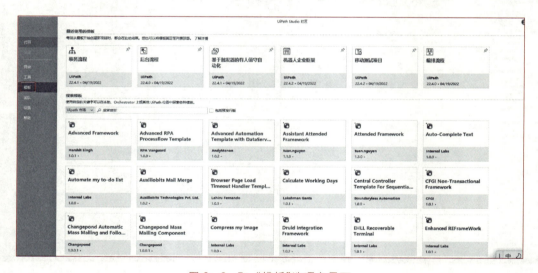

图 2-2-7 "模板"选项卡界面

5."设置"选项卡

在"设置"选项卡中，可以设置语言、主题风格，也可以选择"重置设置"。在"位置"中，可以选择项目保存的路径，"设置"选项卡界面如图 2-2-8 所示。

图 2-2-8 "设置"选项卡界面

6."帮助"选项卡

通过"帮助"选项卡,可以访问产品文档、社区论坛、发行说明、快速教程等内容。同时也可获取有关产品版本、许可证详细信息以及更新渠道等,"帮助"选项卡界面如图2-2-9所示。

图2-2-9　"帮助"选项卡界面

(二)设计界面

1.快捷工具栏

Uipath的快捷工具栏中有各项功能,如新建序列、流程图和状态机,安装和管理程序包,录制以及发布等,快速工具栏界面如图2-2-10所示。

图2-2-10　快捷工具栏界面

2.设计面板

设计面板是用于添加、修改和显示工作流程的工作区,设计面板界面如图2-2-11所示。

图2-2-11　设计面板界面

3. 活动面板

　　活动面板中囊括制作 RPA 流程时的所有活动,需要时可直接搜索活动名称,拖拽到工作区进行使用,活动面板界面如图 2-2-12 所示。

图 2-2-12　活动面板界面

4. 属性面板

　　属性面板能查看以及编辑所选活动的属性,属性面板界面如图 2-2-13 所示。

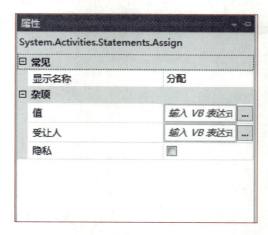

图 2-2-13　属性面板界面

5. 项目面板

项目面板能显示当前工作流程中的所有文件,项目面板界面如图 2-2-14 所示。

图 2-2-14 项目面板界面

6. 大纲面板

大纲面板显示项目的层次结构,大纲面板界面如图 2-2-15 所示。

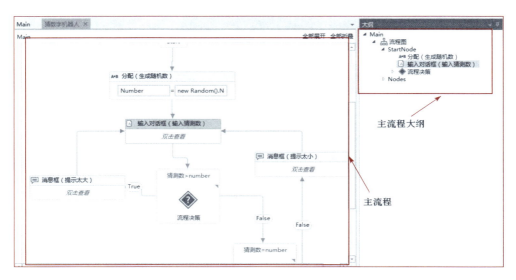

图 2-2-15 大纲面板界面

7. 变量面板

在变量面板中,可以创建或查看已创建变量的名称、类型、范围等内容,变量面板界面如图 2-2-16 所示。

图 2-2-16 变量面板界面

8. 输出面板

在"输出面板"中可以显示"日志消息""写入行"等活动的输出结果以及进入调试模式时的日志。在使用时,也可通过单击面板标题中的按钮进行错误、警告、信息及跟踪数据,输出面板界面如图 2-2-17 所示。

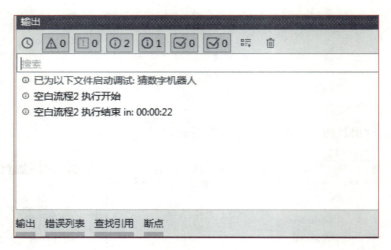

图 2-2-17 输出面板界面

(三)调试界面

UiPath 的调试界面提供了丰富的调试工具,主要用于调试文件、断点测试以及打开日志等,调试界面如图 2-2-18 所示。

(1)"调试文件":调试当前的流程文件。

(2)"运行文件":运行当前的流程文件。

(3)"调试":调试当前项目,针对当前项目中所涉及的流程文件生效。

(4)"运行":运行当前项目,针对当前项目中所涉及的流程文件生效。

(5)"进入":调试活动,点一次只能进入一个活动,在进行操作时,调试器会打开活动,并

图 2 - 2 - 18 调试界面

在执行该活动前对其进行高亮显示。高亮显示与无高亮显示对比如图 2 - 2 - 19 所示。

（6）"跳过"：调试下一个活动,高亮显示活动框但是不会打开活动。

（7）"跳出"：该步骤用于在当前活动运行时,结束当前活动,然后继续进行下一步调试。

（8）"重试"：重新执行上一个活动。

（9）"忽略"：忽略所遇到的异常,继续执行下一个活动,以便完成剩余活动的测试。

（10）"重新启动"：从第一个活动开始重新开始测试活动流程。

（11）"断点"：暂停项目的执行以便定点检查正在使用的数据和当前结果。在调试时,遇到断点,执行的项目将在当前正在运行的活动结束之前暂停,只有使用"进入"键才能恢复。

图 2 - 2 - 19 高亮显示与非高亮显示对比

二、UiPath Studio 的调试与发布

（一）调试

当流程出现错误时,可以根据警示标记" ❶:"所在的活动位置,通过提示修改活动的设置,或使用调试界面进行调试,从而使流程畅通无误,具体调试提示内容在后续模块会有涉及,此处不详细介绍。

（二）发布

当程序调试无误之后,可将设计开发的自动化项目发布到 Orchestrator（集中管理中心）服务器,以便在前台和后台中控制执行自动化流程。

步骤 1：点击工具栏中设计面板的"发布"选项,如图 2 - 2 - 20 所示。

步骤 2：进入发布流程界面,设置包属性,自定义包

图 2 - 2 - 20 点击"发布"选项

名称、版本以及发行说明,点击"下一步"(如"发布选项"和"证书签名"不需要设置,可以直接点击"发布"选项),如图 2-2-21 所示。

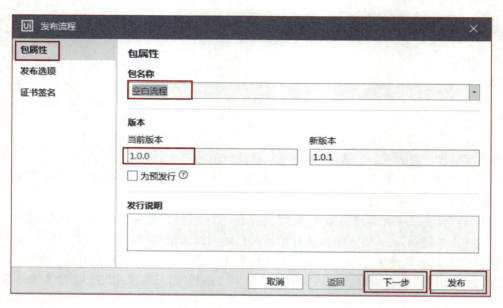

图 2-2-21　设置包属性

步骤 3:进入"发布选项",修改程序保存路径并点击"发布",如图 2-2-22 所示,发布成功后界面如图 2-2-23 所示。

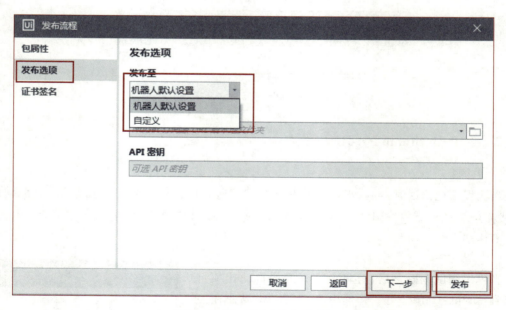

图 2-2-22　进入"发布选项"

步骤 4:在桌面右下角找到"UiPath Assistant(UiPath 助手)" [Ui],点击"打开",或者在UiPath 保存路径中找到"UiPath 助手程序",进行运行。

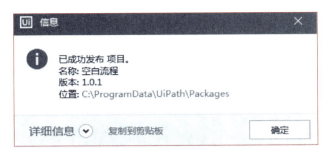

图 2 - 2 - 23　发布成功界面

　　步骤 5：在 UiPath 助手界面上若是没有已经发布的程序，可以点击"刷新"按钮，安装后再启动运行程序，如图 2 - 2 - 24 所示。

图 2 - 2 - 24　UiPath 助手界面

任务三　UiPath Studio 基本语法

◯ 知识学习目标

- 掌握 UiPath Studio 常见的数据类型。
- 掌握其他类型转换为 String 类型的方法。

- 掌握 UiPath Studio 常用运算符的使用方法。
- 理解变量的含义,掌握创建及修改变量的方法。
- 理解变量范围的作用。
- 掌握【分配】活动、【消息框】活动的作用与使用方法。

◯ 技能训练目标

- 能根据业务需求正确选择数据类型。
- 能熟练创建自动化项目中所需的变量,并根据规范配置其属性。
- 能操作数据类型的相互转换。

◯ 素质教育目标

- 通过对 UiPath 基础知识的学习,使学生认识到百尺高台起于垒土,进而重视基础知识的积累。
- 通过 UiPath 基本语法与会计知识融合的实践操作,培养学生跨学科融合的意识。

一、UiPath Studio 的数据类型

数据类型是所有计算机语言都会涉及的内容,它决定了如何将代表这些值的位存储到计算机的内存中,指定了值的范围和存储方式。数据类型方便了计算机的计算,也方便了用户的编程。不同的数据类型有不同的特性,UiPath 中常用的数据类型如表 2-3-1 所示。

表 2-3-1　UiPath 中常用的数据类型

数 据 类 型	含 义	示 例
String	字符串数据类型,用来存储任意类型的信息	"1"，"ABC"，"资产"
Int32	整数类型,取值范围为:$-2^{31} \sim 2^{31}-1$,主要用于计数	$-80,1,346$
Double	双精度浮点类型,可以是整数也可以是小数	3.141 592 6,0.98,678
Boolean	布尔类型,只有两个可能的值:True, False,用于判断作出决策	True, False
Array of[T]	数组类型,用于存储一个类型的多个值,并且其中数据的类型也可以自由定义,具有固定长度	{{"key1"，"value1"}，{"key2"，"value2"}}
List	列表类型,用于存储同一类型的多个值,可以被延长或缩短	{{"key1"，"value1"}，{"key2"，"value2"}，......}
Date Time	时间类型,用于存储任何日期和时间信息	2017/07/29,14:16:45
Data Table	可充当数据库,用于存储二维数据结构的 Data Table 数据,有行和列的属性	
Object	对象型,用于存储图形、OLE 对象或其他对象	
Generic Value	泛型,通用值变量,可以存储任何类型的数据,包括文本,数字,日期和数组	67 000,2022/1/1,"资产负债表"

【温馨提示】

1. String 数据类型

（1）字符串中包含的字符个数称为字符串的长度。

（2）可以是由数字、字母、下划线组成的一串字符。在 UiPath 中表达字符串型的值需要添加英文状态下双引号,起界定作用,字符输出时不显示双引号。

（3）字符串中的字符靠 ASCII 码识别,故大小写是有区别的。例如,"ABC"与"abc"是不同的字符串。

2. Int32 数据类型

（1）可以用于执行方程或比较,传递重要数据和许多其他信息。

（2）最大数是"$2^{31}-1$"的原因是数字"0"也占了一个位。

3. List 数据类型

List 数据类型是在集合的任何位置增加或删除元素都很快,但是不支持随机存取。

4. Data Table 数据类型

Data Table 数据类型是 Excel 读取范围或工具数据提取所用来接收返回值的类型。

5. Generic Value 数据类型

Generic Value 数据类型是 UiPath 特有的一种变量,可以储存任何类型的数据,其会根据表达式第一个元素的数据类型自动转换成相同的数据类型。但是 Generic Value 数据类型变量的自动转换机制可能转换不正确。

二、UiPath Studio 转换数据类型的方法

在实际工作中,经常需要转换数据类型,常见的如 String、Int32、Double 等数据类型的相互转换。UiPath 中常用的数据类型转换方法如表 2-3-2 所示。

表 2-3-2　UiPath 中常用的数据类型转换方法

目标数据类型	转换方法1	转换方法2	示　例
String	CStr()	ToString	X 为 Int32 数据类型,其值为 29,则 CStr(X)或 X.ToString 的结果为 String 数据类型的值：29
Int32	CInt()	Integer Parse()	X 为 String 数据类型,其值为 29,则 CInt(X)或 Integer.Parse(X)的结果为 Int32 数据类型的值：29
Double	CDbl()	Double Parse()	X 为 String 数据类型,其值为 29.82,则 CDbl(X)或 Double Parse(X)的结果为 Double 数据类型的值：29.82
Date Time		Date Time Parse()	X 为 String 数据类型,其值为 29/07/2017,则 Date Time.Parse(X)的结果为 Date Time 数据类型的值：29/07/2017 00：00：00

三、UiPath Studio 常用的运算符

运算符用于执行程序代码运算,会针对一个以上操作数项目来进行运算。例如,"2+3",

其操作数是 2 和 3,而运算符则是"+"。运算符大致可以分为 5 种类型:连接运算符、算术运算符、关系运算符、赋值运算符和逻辑运算符。UiPath Studio 常用的运算符如表 2-3-3 所示。

表 2-3-3　UiPath 常用的运算符

类　别	运算符号	含　义	示　例
连接运算符	+	拼接字符串	字符串:"UiPath"+"Studio"的运算结果为:"UiPathStudio"
	&		字符串:"UiPath"&"Studio"的运算结果为:"UiPathStudio"
算术运算符	+	加法运算	如果 X=7,则"X+3"的运算结果为 10
	—	减法运算	如果 X=7,则"X—3"的运算结果为 4
	*	乘法运算	如果 X=7,则"X*3"的运算结果为 21
	/	除法运算	如果 X=7,则"X/7"的运算结果为 1
	Mod	取余数运算	如果 X=7,则"X Mod 3"的运算结果为 1
关系运算符	=	等于	如果 X=7,则"X=6"的关系运算结果为"False"
	>	大于	如果 X=7,则"X>6"的关系运算结果为"True"
	<	小于	如果 X=7,则"X<6"的关系运算结果为"False"
	>=	大于等于	如果 X=7,则"X>=6"的关系运算结果为"True"
	<=	小于等于	如果 X=7,则"X<=6"的关系运算结果为"False"
	<>	不等于	如果 X=7,则"X<>6"的关系运算结果为"True"
赋值运算符	=	赋值	如果 X=7,则为将 7 赋值给变量 X
逻辑运算符	And	并且	如果 X=7,则"X>8 And X<9"的逻辑运算结果为"False"
	Or	或者	如果 X=7,则"X>5 Or X>10"的逻辑运算结果为"True"
	Not	取反	如果 X=7,则"Not X<10"的逻辑运算结果为"False"

(一)【分配】活动

【分配】活动的作用是把"输入 VB 表达式"的内容赋值给"To"处的名字(变量),以便其他活动使用,"="不是等式,而是赋值的意思,如图 2-3-1 所示。

(二)【消息框】活动

【消息框】活动的作用是当该活动运行时,弹出一个消息框,向用户展示预设的信息。填入消息框的内容可以是文本、整数等各种类型的数据,其示例如图 2-3-2、图 2-3-3 所示。

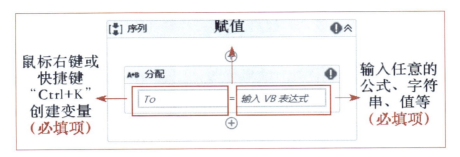

图 2-3-1　赋值

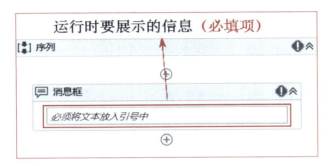

图 2-3-2　消息框(示例一)

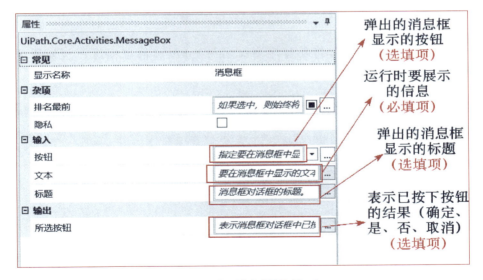

图 2-3-3　消息框(示例二)

【例 2-3-1】创建一个新项目,命名为"RPA 练习";新建序列,命名为"分配和消息框练习"。添加【分配】活动,将"RPA 机器人"赋值给"name",添加【消息框】活动,在文本中输入"name",运行该文件,查看运行结果。

【温馨提示】
在"To"中输入"name"时,要先点击鼠标右键,选择"创建变量",然后再输入。

步骤 1：打开 UiPath Studio 主页，点击"流程"，输入项目名称为"RPA 练习"，点击"创建"，如图 2-3-4 所示。

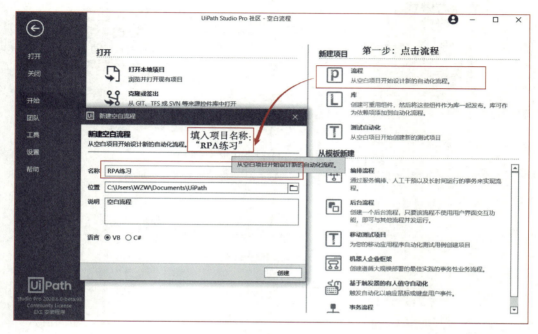

图 2-3-4　创建新流程

步骤 2：点击"新建序列"，将新建序列命名为"分配和消息框练习"，如图 2-3-5、图 2-3-6 所示。

图 2-3-5　新建序列

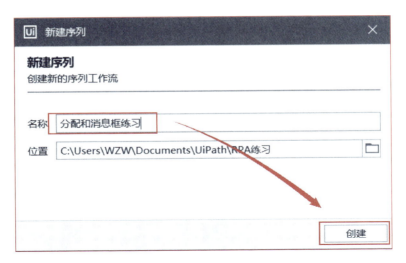

图 2 - 3 - 6　给新建序列命名

步骤 3：添加【分配】活动，在"输入 VB 表达式框"输入："RPA 机器人"，在"To"处点击鼠标右键点击"创建变量"，输入变量名称"name"，如图 2 - 3 - 7、图 2 - 3 - 8、图 2 - 3 - 9 所示。

步骤 4：添加【消息框】活动，在消息框内输入变量"name"，如图 2 - 3 - 10 所示。

图 2 - 3 - 7　输入 VB 表达式

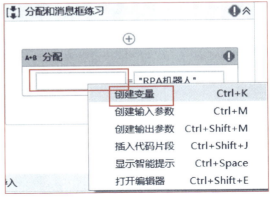

图 2 - 3 - 8　创建变量

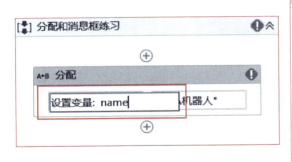

图 2 - 3 - 9　输入变量名称

图 2 - 3 - 10　添加【消息框】活动

步骤 5：运行流程文件，查看运行结果，如图 2-3-11 所示。

图 2-3-11 运行流程文件

【温馨提示】

（1）英文字母的符号（Mod、And、Or、Not）前后有连接的位置需要有空格。

（2）涉及文本的方法如表 2-3-4 所示。

表 2-3-4 涉及的文本方法

方 法	含 义	示 例	运行结果
Substring (startIndex, Length)	文本的提取，从 startIndex 位置开始截取长度为 "Length" 的字符串	字符串.Substring(2,3)	机器人
Replace (oldValue, newValue)	文本的替换，oldValue 是待替换的字符串，newValue 是替换后的字符串	字符串.Replace("财务","会计")	会计机器人
Contains(string)	判断文本中是否包含指定的字符串，string 是指定的字符串	字符串.Contains("财务")	True

续　表

方　法	含　义	示　例	运行结果
ToLower；ToUpper	将字符串转换成小写或大写字符串	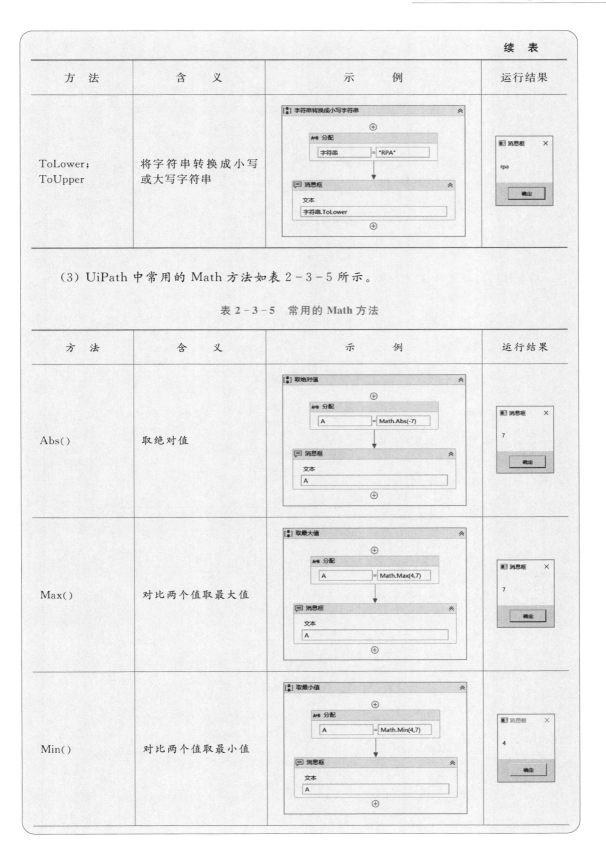	

（3）UiPath 中常用的 Math 方法如表 2-3-5 所示。

表 2-3-5　常用的 Math 方法

方　法	含　义	示　例	运行结果
Abs()	取绝对值		
Max()	对比两个值取最大值		
Min()	对比两个值取最小值		

续　表

方　法	含　义	示　例	运行结果
Round()	将目标值四舍五入到对应的位数	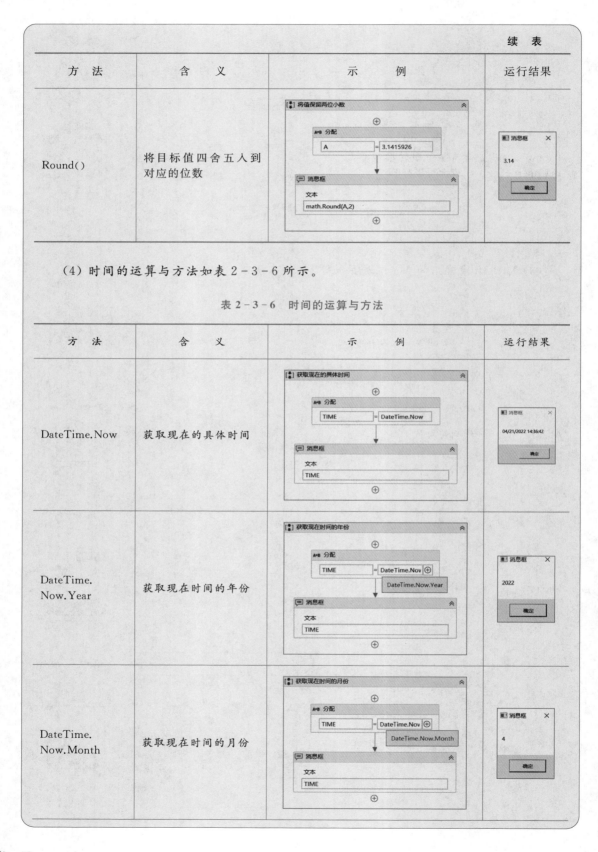	

（4）时间的运算与方法如表 2-3-6 所示。

表 2-3-6　时间的运算与方法

方　法	含　义	示　例	运行结果
DateTime.Now	获取现在的具体时间		
DateTime.Now.Year	获取现在时间的年份		
DateTime.Now.Month	获取现在时间的月份		

续　表

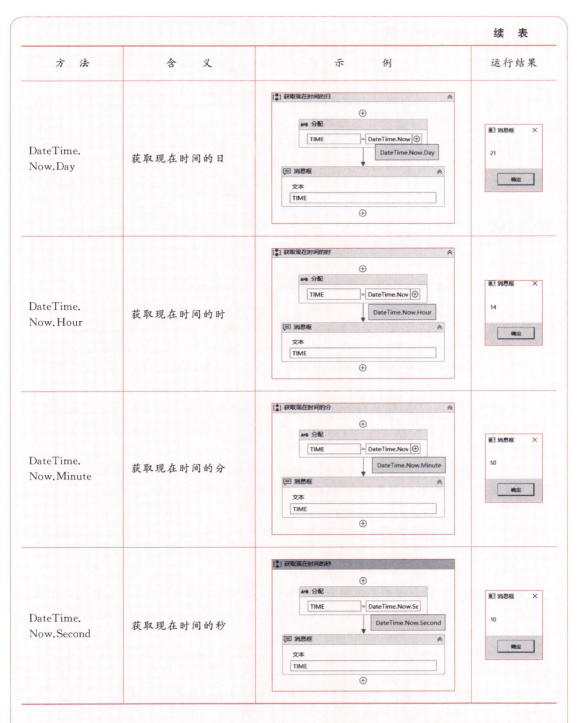

方　法	含　义	示　例	运行结果
DateTime. Now.Day	获取现在时间的日		21
DateTime. Now.Hour	获取现在时间的时		14
DateTime. Now.Minute	获取现在时间的分		50
DateTime. Now.Second	获取现在时间的秒		10

　　❶ 除了获取的具体时间之外,年、月、日、时、分、秒对应变量的数据类型为"Int32"类型。

　　❷ 在 DateTime 的运算中,可以用运算符"一"来获取两个时间的差,但不可以使用运算符"十"来获取两个时间的和,否则将会有报错的提示。

四、UiPath Studio 变量

变量是所有编程语言中必不可少的部分,对于 UiPath 来说也是如此,其承载了 RPA 流程中数据传递的重要作用。我们可以声明任何所需的名称并创建一个变量来存储多种类型的数据,在声明变量时指定它的数据类型,所有变量都具有数据类型,以决定能够存储哪种数据,常称之为"盒子""标签"。

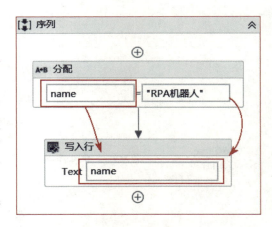

图 2-3-12　创建变量

例如,创建一个名称为"name"的变量来存储"RPA 机器人"。如图 2-3-12 所示。

(一) UiPath 中变量的 4 个主要属性

1. 变量名称

(1) 一个机器人流程文件中,变量名称是唯一的,不能重复创建。

(2) 变量命名时中英文均可。例如,"姓名","name"。

(3) 变量命名时不区分大小写。例如,变量名"Name"与"name"代表同等意义。

(4) 变量命名时不能包括空格和特殊符号。例如,"n m","n﹡m","n♯"等是不允许的。

(5) 变量命名时可以包含数字,但不能用数字开头。例如,可以使用"name 1",不可以使用"1name"。

(6) 在大型开发项目中,变量命名应遵循公认标识原则,以方便所设计的流程被使用者阅读。例如,数据表一般命名为"data",文件命名为"file",姓名命名为"name"等。

2. 变量类型

变量类型(数据类型)是所有计算机语言都必须涉及的内容,用于确定变量的存放方式和占用内容的大小。具体的数据类型在"模块二　任务一"中已详细讲解。

3. 变量范围

变量可用的区域,默认情况下,它们在整个项目中都可用。合理确定变量的范围,以便能够正确使用变量。

4. 变量默认值

通常,变量的初始值会在整个过程中发生变化。如果在创建变量时未分配任何初始值,则通常会有一个默认规则来分配一个值。如果此字段为空,则变量将使用其类型的默认值进行初始化。例如,对于 Int32,默认值为 0。

【注意】
　　无论 Studio 界面语言如何,变量的默认值都必须以英语提供。

(二) UiPath 中变量的创建

在 UiPath 中,我们可以在开发界面的活动(Activities)的属性界面(通常为"属性—输出"的位置)或活动(Activities)的当前界面,"鼠标右键—创建变量"或使用快捷键"Ctrl+K",出现"设置变量"的提示后,输入变量的名称。

在活动(Activities)的属性界面创建变量,如图 2-3-13 所示。

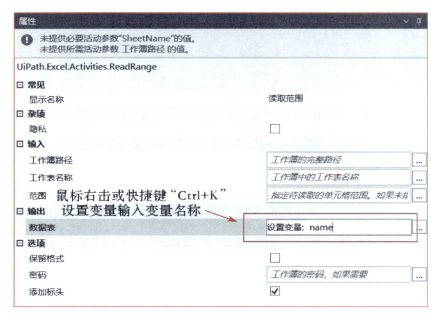

图 2-3-13　在活动(Activities)的属性界面创建变量

在活动(Activities)的当前界面创建变量并命名,如图 2-3-14、图 2-3-15 所示。

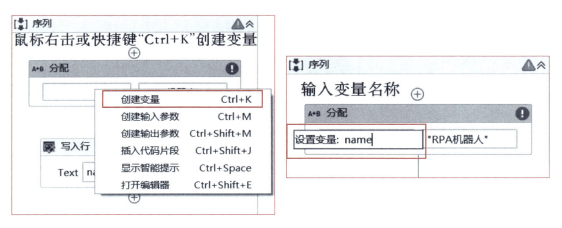

图 2-3-14　创建变量　　　　　　　　　　图 2-3-15　输入变量名称

【温馨提示】

　　创建变量后,在变量面板中会自动显示已创建的变量名称。当再次用到该变量时,直接输入具体的变量名称或者输入变量名称关键字后双击选择对应变量,不需要再次创建。

(三) 变量名称的修改

　　创建变量后,在变量面板中会自动显示已创建的变量名称。在使用变量的过程中,如果要修改变量的名称,应当在"变量面板"中进行修改。修改之后使用到该变量的其他地方都会自动修改。

　　【例 2-3-2】将【例 2-3-1】"RPA 练习"项目中变量名称"name"修改为"课程名称",具体如图 2-3-16、图 2-3-17、图 2-3-18 所示。

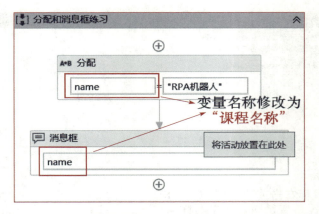

图 2-3-16　分配和消息框界面

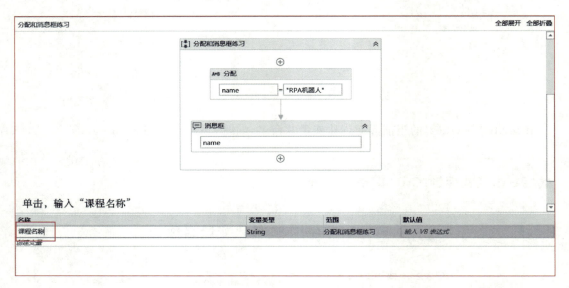

图 2-3-17　输入课程名称

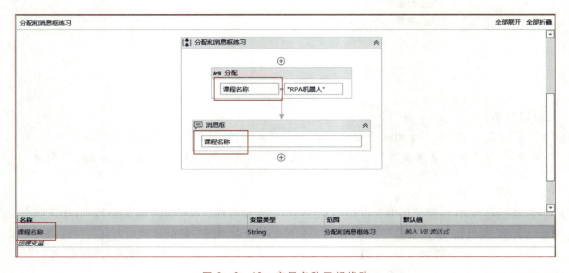

图 2-3-18　变量名称已经修改

（四）变量的删除

创建变量后，如需删除变量，在变量面板找到该变量右击点击"删除"，即可在当前序列删除该变量。

【例 2 - 3 - 3】将【例 2 - 3 - 1】"RPA 练习"项目中变量"课程名称"删除，具体如图 2 - 3 - 19 所示。

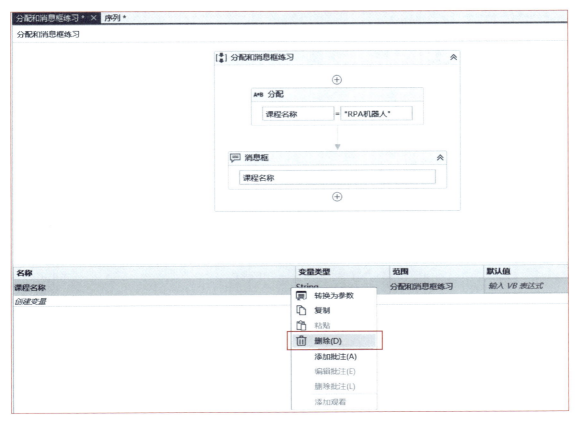

图 2 - 3 - 19　删除变量

（五）变量的类型修改

通常情况下，创建变量后会根据当前活动自动生成一个数据类型，可以根据需要进行修改。如果常用的数据类型不能满足我们的需求（如 Double、DateTime 等），可以通过点击"浏览类型"，在所有的数据类型库里去寻找想要的类型，如图 2 - 3 - 20、图 2 - 3 - 21 所示。

图 2 - 3 - 20　点击浏览类型

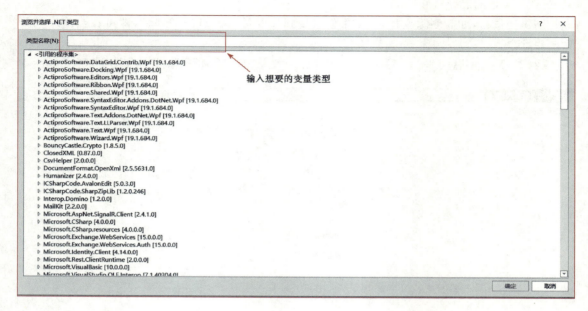

图 2-3-21　输入想要的变量类型

任务四　UiPath 应用操作举例

⊃ **知识学习目标**

- 掌握任务描述的方法。
- 掌握业务流程的设计分析。
- 掌握机器人开发的步骤。

⊃ **技能训练目标**

- 能进行任务描述。
- 能分析业务流程。
- 能自行开发机器人。

⊃ **素质教育目标**

- 通过对工作任务描述与业务流程的学习,培育学生一丝不苟、严肃认真的精神。
- 通过设计猜数字机器人,使学生认识到新技术工具对会计行业的深刻影响,对会计人员提出的新的素质要求。

一、工作任务描述与业务流程

实现工作任务流程自动化的第一步是要对工作任务进行理解,对工作任务的理解程度将直接影响自动化流程的实现难度,之后需要进行 RPA 的范围选择,进而明确哪些可以进行自动化转型的处理。RPA适用度较高的工作任务处理通常具备数据格式规范以及工作流程逻辑明确的特点，RPA适用度通常可以从业务可行性和系统可行性两方面判断。业务可行性的分析需要确认该处理是否包含必须由人进行判断的部分。当出现此类情况时，会降低处理的业务可行性，使得该处理不适合被选择为RPA的实现对象。系统可行性的分析需要确认该处理所利用的系统和软件是否可以通过RPA进行操作，以及通过RPA进行操作后的效率是否仍满足该业务的要求。

基于RPA的工作特性，RPA的实现难度受数据定型度和流程定型度的影响，在一定程度上都可以通过调整业务流程的方式进行改善，而对于那些无法实现流程自动化的处理，需要对其所涉及的前后处理及文档进行人机协作设计，以确保人工可以和RPA配合完成原有整体的业务流程工作，其方法大致有文档交互、表单交互、邮件交互、平台交互等。

同时，开发一个财务机器人，需从成本和价值加以考虑，明确机器人开发的可行性。所谓关于成本考虑，是将机器人开发成本和运营维护成本与人工操作的成本进行对比，以量定论，衡量成本的高低。而关于价值考虑，主要是考虑业务量的大小与所开发的机器人的匹配度。当上述条件明晰之后，则进行机器人流程的任务描述。所谓任务描述主要用于解释该机器人的用途以及功能类型等，理清服务内容。在猜数字机器人例子中，其业务描述的处理是明确猜数字机器人的用途，主要是对于数字的猜测，将输入的猜测数与机器产生的随机数进行对照，根据对比的不同结果，提示会出现不同的信息，如图2-4-1所示。

图2-4-1　猜数字结果信息提示

业务流程主要是为了实现机器人的开发，通过梳理人工处理的步骤与步骤之间的逻辑顺序，对照着演化成RPA流程。

在猜数字机器人中，整体运作思路为：由机器人随机产生一个x到y之间的整数（在本次举例中，选择1~10），猜测者将猜测的数字与随机数进行对比，如果猜测数＜随机数，提示"您猜测的数小了"，并重新输入进入循环；如果猜测数＞随机数，提示"您猜测的数大了"，并重新输入进入循环；如果猜测数＝随机数，提示"恭喜您，猜对了！"，退出循环。其人工流程操作如图2-4-2所示。

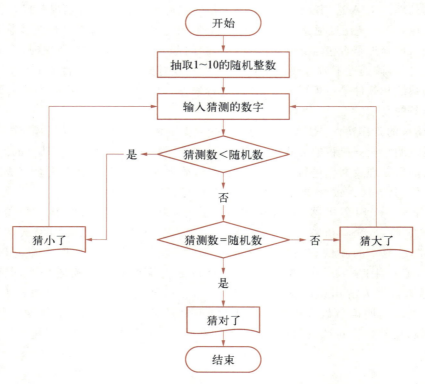

图 2 - 4 - 2　猜数字机器人的人工流程

二、机器人开发步骤举例

 知识准备

通过上述业务流程分析，机器人的关键点在于循环、产生随机数和条件判断。人工动作与
RPA 流程对照如表 2 - 4 - 1 所示，具体 RPA 流程的实现过程如图 2 - 4 - 3 所示。

表 2 - 4 - 1　人工动作与 RPA 流程对照

条　件　判　断	流　程　决　策
人工动作	RPA 动作
消息提示	消息框
循环输入	遍历循环
产生随机数	表达式"new Random( ).Next(x,y)"
输入猜测数	输入对话框
条件判断	流程决策

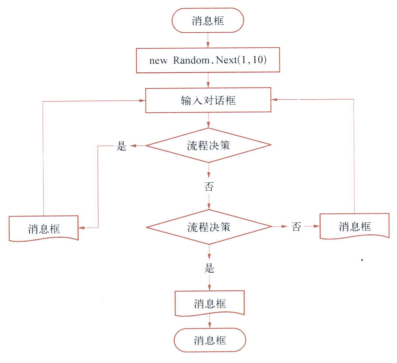

图 2-4-3　RPA 流程的实现过程

【知识链接】

表达式 new Random().Next(x,y)主要用于产生随机数,具体含义解读如图 2-4-4 所示。

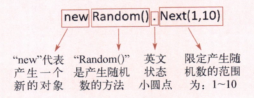

图 2-4-4　表达式解读

表达式赋值之后通过分配活动赋值给变量"随机数",变量的类型为 Int32,如图 2-4-5 所示。

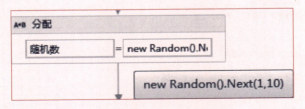

图 2-4-5　创建变量储存随机数

【输入对话框】活动能实现人机交互功能,将猜测的数值,通过创建"猜测数"变量储存起来,变量类型为 Int32,如图 2-4-6 所示。

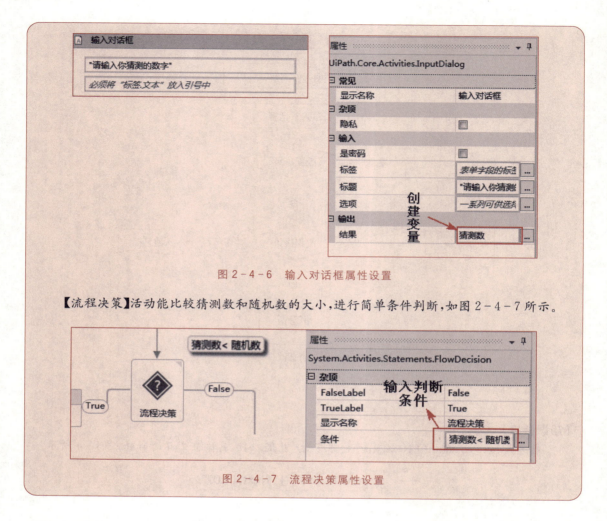

图 2-4-6　输入对话框属性设置

【流程决策】活动能比较猜测数和随机数的大小，进行简单条件判断，如图 2-4-7 所示。

图 2-4-7　流程决策属性设置

 任务实施

步骤 1：新建一个流程图，命名为"猜数字机器人"，如图 2-4-8 所示。

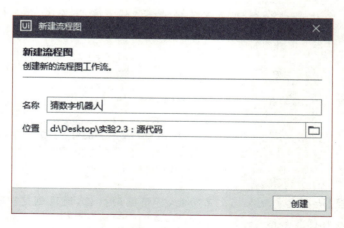

图 2-4-8　新建流程

步骤2：添加【分配】活动，输入表达式"new Random( ).Next(x,y)"，创建名为"随机数"的变量，如图2-4-5所示。

步骤3：添加【输入对话框】活动，设置属性，创建变量名为"猜测数"，如图2-4-6所示。

步骤4：添加【流程决策】活动，设置判断条件，如图2-4-7所示。

步骤5：根据【流程决策】活动，输入判断条件"猜测数＜随机数"，判断为"真"时，添加【对话框】活动，输入："您猜测的数小了"，判断为"假"时，再增加一个【流程决策】活动，如图2-4-9、图2-4-10所示。

图2-4-9　流程决策条件判断以及消息提示

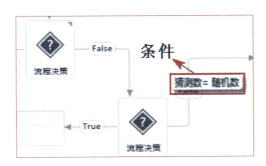

图2-4-10　新增流程决策并设置条件

至此，猜数字机器人以及开发完成，其整体RPA开发程序如图2-4-11所示。

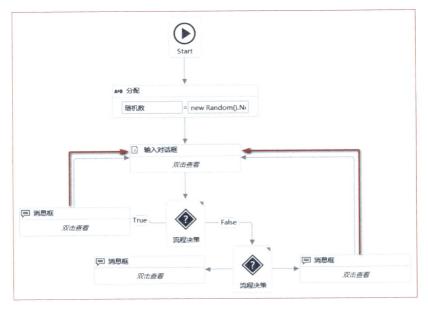

图2-4-11　猜数字机器人整体RPA开发程序

【温馨提示】

　　在数字猜测错误时,由图 2 - 4 - 11 中流程线指引,返回"输入对话框",完成流程循环。

【猜数字机器人开发操作大纲】

模块三　工作实战　开发财务机器人

 模块导入

　　在 RPA 机器人应用和普及之前,财务工作中人工操作占比很大,人工操作速度慢、错误率高、耗时耗力,对于企业来说存在数据风险高、人员需求量大、运行成本高、信息时效性差等缺点。虽然财务系统自动化操作软件、Excel 软件和各个网络平台,能够进行部分自动化操作,但这仅限于系统内部或者是少数设定好的关联程序,每当出现新的跨系统跨平台的数据流转需求时,就需要重新对系统进行改造和开发。系统改造和开发的流程复杂、成本费用高、时间长等问题就会凸显出来。

　　财务的业务工作内容中,交易量大、重复性高、易于标准化的基础内容会耗掉财务人员大量时间,而 RPA 技术适用于具有清晰定义和大量重复的流程,因此这些财务工作的特点与RPA 技术的应用条件高度匹配。通过 RPA 机器人代替财务手工操作,可以大幅降低财务人员的工作负担,起到提高效率、降低成本、减少错漏和规避一些不合规风险的作用,使各类资源更多地分配到增值业务上,促进财务转型。

　　目前 RPA 技术正广泛应用于银行资金结算、采购到付款、订单至收款、费用报销、存货到成本、往来业务、税务业务、总账到报表等常见财务流程,几乎涵盖了财务人员大部分的日常业务,善于利用 RPA 技术,对于企业和财务人员来说具有重大意义。

任务一　开发网银自动付款机器人

⊙ 知识学习目标

- 熟练掌握【打开浏览器】活动、【构建数据表】活动、【分配】活动、【遍历循环】活动、【读取范围】活动的作用及使用方法。
- 掌握【添加数据行】活动、【对于每一个行】活动、【IF 条件】活动的作用及使用方法。
- 掌握对业务场景的人工流程分析与人工流程图的编制。
- 掌握根据人工流程,设计 RPA 的流程步骤。

技能训练目标

- 能根据特定的业务场景,准确梳理人工流程。
- 能根据人工流程设计 RPA 流程。
- 能熟练绘制网银自动付款操作的流程图。
- 能独立完成网银自动付款机器人的开发和测试。

素质教育目标

- 通过对业务场景人工流程与痛点分析的学习,养成珍惜时间、提高效率的惜时精神。
- 通过对【分配】活动、【遍历循环】活动、【添加数据行】活动、【对于每一个行】活动、【IF 条件】活动使用方法的学习,践行精益求精、一丝不苟的工匠精神。
- 通过"网银自动付款机器人"的开发过程的学习,培养不畏困难、反复锤炼的劳动精神。

 任务描述

在北京市格莱美电器制造有限公司总部,晚上九点钟财务部办公室灯火通明,财务主管诸莞和出纳员李媛还在加班。

诸莞:"小李,又在录付款申请单呢!"

李媛:"是的,诸总。为了保证明天能及时付款,今天得把所有付款申请单录入网银系统。"

诸莞:"每天你都是最后一个下班的,辛苦了。"

李媛:"应该的,诸总。这就是我的工作。人人都干好职责内的事儿,公司才能更上一层楼!"

诸莞:"说得好! 还差多少份?"

李媛:"还有 60 份,每份需要 2 分钟,我还得 2 小时。"

诸总:"咱们每个月的付款申请单在 600～1 000 份,每份 2 分钟,总时长 20～33 小时。你想想能不能设计一款机器人来做这个工作?"

李媛若有所思:"收到付款申请单的途径比较多,钉钉、邮箱还有其他途径,机器人没有办法按照统一路径抓取付款申请单,所以这一步需要人工处理。但是所有部门付款申请单格式一样,操作流程明确规范,这一步完全可以实现录入信息的自动化。"

李媛就这样开始了"网银自动付款机器人"的开发之旅。

知识准备

一、登录 Web 自动化

要想实现登录 Web 自动化,需要完成扩展程序设计,用到如下活动。

1. 设置谷歌(Chrome)扩展程序

为了实现 UiPath 对网页内容的自动化操作,必须在浏览器上安装 UiPath 扩展程序。安装步骤如下:

（1）打开 UiPath Studio，在"主页"左侧单击"工具"，在 UiPath 扩展程序中单击目标程序。为了保证操作效果，这里建议首选使用谷歌（Chrome）浏览器。在 UiPath 扩展程序中点击"Chrome"，在弹出的对话框中单击"确定"，如图 3-1-1 所示。

图 3-1-1　UiPath 添加谷歌（Chrome）扩展程序

（2）打开谷歌（Chrome）浏览器，点击浏览器右上角的" ⋮ "图标，打开谷歌（Chrome）浏览器"设置"，点击"扩展程序"，启动"UiPathWeb Automation"，如图 3-1-2 所示。

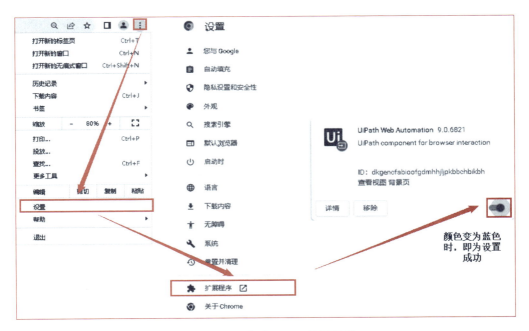

图 3-1-2　启动 UiPath 扩展程序

2.【打开浏览器】活动

【打开浏览器】活动的作用是使用指定的浏览器，打开指定的网址。新建活动后，在"URL"中输入需要访问的网址，如图 3-1-3 所示。

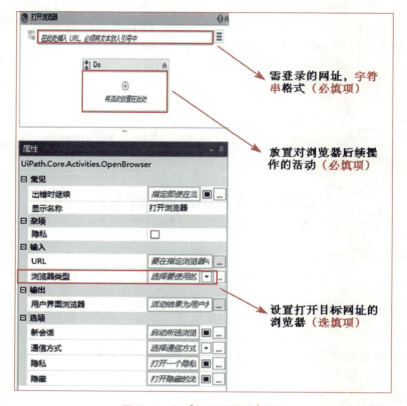

图 3-1-3　【打开浏览器】活动

【例 3-1-1】使用 Chrome 浏览器打开"中华人民共和国教育部"官网,网址:http://m.moe.gov.cn/。

步骤 1:新建一个流程项目,项目名称为"网页机器人";新建序列,命名为"网页练习 1"。

步骤 2:添加【打开浏览器】活动,输入网址,注意网址要加上英文状态下的双引号,如图 3-1-4 所示。在属性面板中,浏览器类型选择"Chrome",如图 3-1-5 所示。

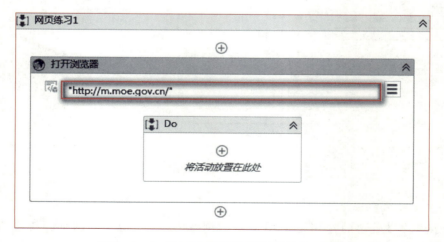

图 3-1-4　添加【打开浏览器】活动并输入网址

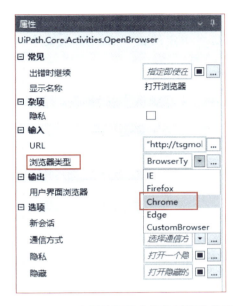

图 3-1-5　在属性面板中选择浏览器类型

步骤 3：运行流程文件，查看运行结果。

【温馨提示】

　　输入的网址必须是带英文状态下的双引号的字符串格式。设置浏览器类型时候需要点击网址后面的"三横"，在属性界面中设置浏览器类型，如果不进行浏览器类型设置，Uipath 默认是 IE 浏览器。

3.【最大化窗口】活动

打开某个应用，有时它处于非最大化窗口状态，为了机器人更方便地操作，一般会最大化窗口。

【例 3-1-2】在【例 3-1-1】基础上，将已经打开的"中华人民共和国教育部"网页最大化，如图 3-1-6 所示。

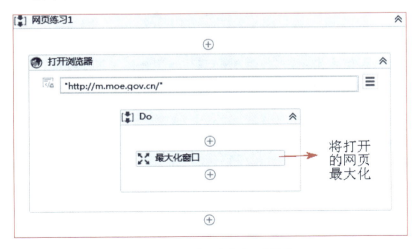

图 3-1-6　【最大化窗口】活动

4.【输入信息】活动

【输入信息】活动的作用是在指定的位置自动输入文本信息,详细介绍如图 3－1－7 所示。

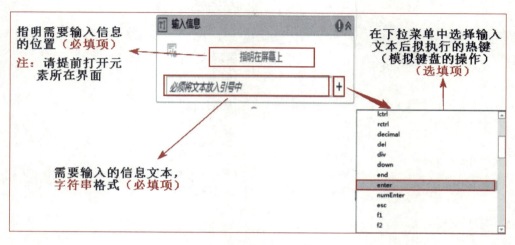

图 3－1－7　【输入信息】活动

【例 3－1－3】在【例 3－1－2】基础上,在"中华人民共和国教育部"网页的搜索框中输入"职业教育法",如图 3－1－8 所示。

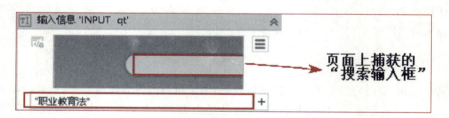

图 3－1－8　【输入信息】活动

【温馨提示】

在"指明在屏幕上"之前,请先打开网页,显示出需要输入信息的位置。"指出浏览器元素"时,Uipath Studio 会自动最小化,显示出网页界面,用鼠标指出目标即可。

5.【单击】活动

【单击】活动的作用是模拟鼠标单击,即平时手动点鼠标的动作,详细介绍如图 3－1－9 所示。

【例 3－1－4】在【例 3－1－3】的基础上,单击"中华人民共和国教育部"网页上的搜索按钮,如图 3－1－10。

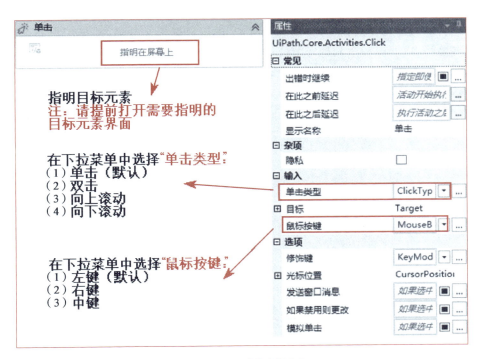

图 3-1-9　【单击】活动

图 3-1-10　单击搜索按钮

【温馨提示】

　　操作时应先打开目标网页,点击"指出浏览器元素"时,左上角或者右下角会出现提示框,可以使用 ESC、F2、F3 功能,增加操作的灵活性。

【任务实训】

　　新建序列,命名为"网页自动化机器人",运用以上活动开发机器人,完成打开"中华人民共和国财政部"官网并搜索"会计法"。

二、从多个 Excel 表中获取关键信息

若要从多个 Excel 表中获取关键信息,则需要用到如下活动。

1.【选择文件夹】活动

【选择文件夹】活动作用在于,弹出一个窗口,供用户选择文件夹,并将用户的选择输出为一个文件夹路径,以便流程中其他环节使用。

【例 3-1-5】在 UiPath 中打开一个选择文件夹对话框,手动选择"付款申请单"文件夹并自动打开,如图 3-1-11 所示。

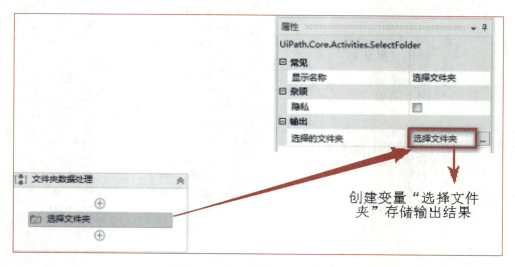

图 3-1-11 【选择文件夹】用法

2.【分配】活动

【分配】活动的作用在于,把"输入 VB 表达式"的内容,赋值给"To"处的名字(变量),以便其他活动使用,使用方法如图 3-1-12 所示。

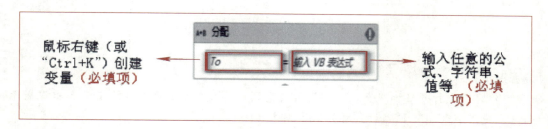

图 3-1-12 【分配】活动

【例 3-1-6】在【例 3-1-5】基础上,添加【分配】活动,把文件夹中所有文件赋值给变量备用。

步骤 1:【分配】活动,输入 VB 表达式,如图 3-1-13 所示。

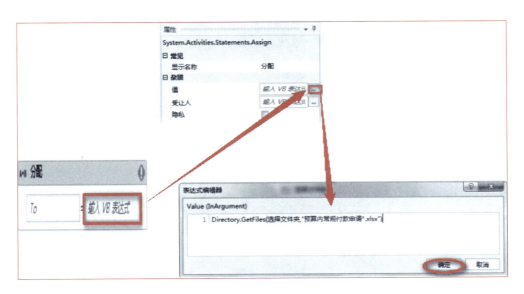

图 3－1－13 【分配】活动"输入 VB 表达式"用法

【知识链接】

表达式"Directory.GetFiles（value1，value2）"，属于"DirectoryXXX"的一类，它包含了大量与目录操作相关的方法，如获取文件、删除目录、创建子目录等。本表达式的作用是获取指定文件夹下，符合条件的文件路径，并形成字符串集合（String[ ]）其详细介绍如图 3－1－14 所示。

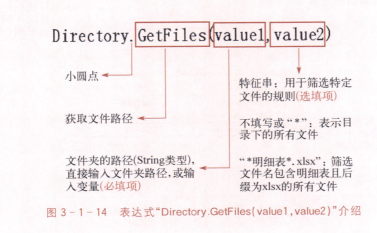

图 3－1－14 表达式"Directory.GetFiles（value1，value2）"介绍

步骤 2：【分配】活动，"To"创建变量，如图 3－1－15。

3.【读取范围】活动

【读取范围】活动作用在于，在指定的 Excel 工作簿中，选择目标工作表（Sheet），选取该工作表指定的范围，读取（复制）该范围内的数据，并将其存储，以供流程中其他环节使用。其详细介绍如图 3－1－16 所示。

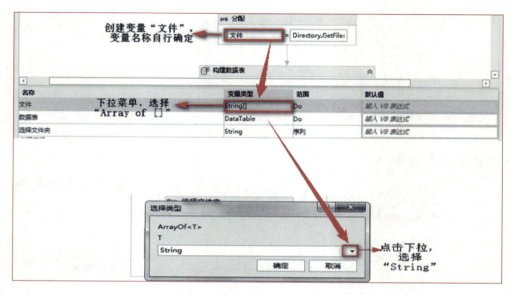

图 3-1-15 【分配】活动 To 创建变量

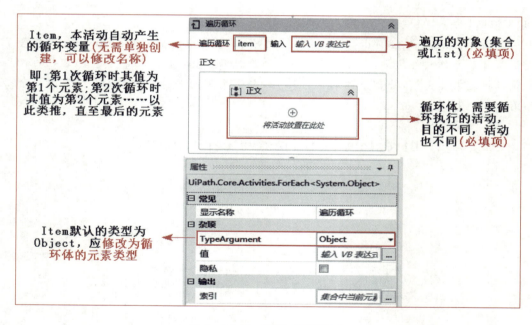

图 3-1-16 【读取范围】活动

【温馨提示】

该活动读取 Excel 范围的值,并将其存储在"数据表"变量中。如未指定范围,则会读取整个电子表格。如果将范围指定为一个单元格,则从该单元格开始读取整个电子表格。

【例 3-1-7】读取“考试成绩信息表”，存入变量“data_期中成绩”，如图 3-1-17 所示。

学号	姓名	得分
23011650001	孟小帆	78
23011650002	李冉欣	86
23011650003	张文发	72
23011650004	赵欣名	75
23011650005	吴檬萌	59
23011650006	王一醇	73
23011650007	张晓薇	81
23011650008	郭彩妹	94
23011650009	李淑雅	48
23011650010	张甜甜	83
23011650011	杨萌萌	70
23011650012	张智敏	70
23011650013	张欣然	69
23011650014	刘彩虹	85
23011650015	郝运发	84
23011650016	郭家青	66
23011650017	王达政	96
23011650018	张水红	92
23011650019	王双双	87
23011650020	梁爽	55
23011650021	孙雪容	91
23011650022	陈颖香	95
23011650023	刘梦梦	94
23011650024	杨茜	78
23011650025	李娟红	98
23011650026	刘梦琦	72
23011650027	张天宇	30
23011650028	李嘉诚	56
23011650029	王秀成	72
23011650030	李行山	86
23011650031	赵如令	100
23011650032	胡天宇	96
23011650033	周政	94
23011650034	赵元元	100
23011650035	高扬	94

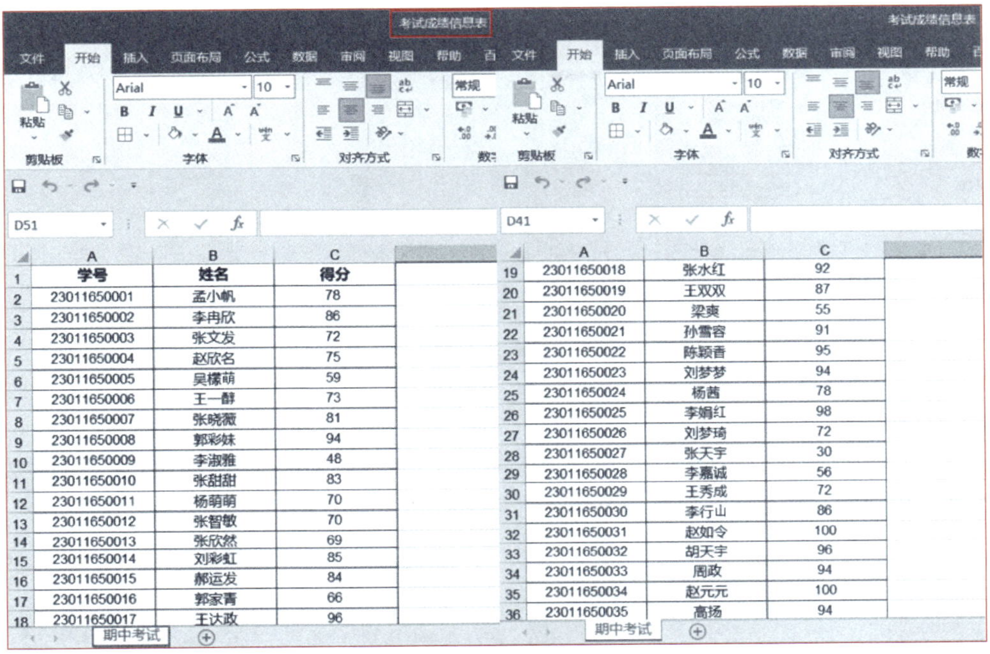

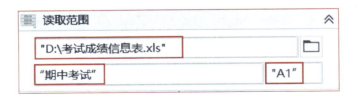

图 3-1-17 考试成绩信息表

步骤 1：新建一个流程项目，项目名称为“数据读取练习”；新建序列，命名为“练习 1”。

步骤 2：添加【读取范围】活动，选择工作簿“考试成绩信息表”，工作表为："期中考试"，读取范围为："A1"，如图 3-1-18 所示。

图 3-1-18 读取“期中考试”表中的得分

步骤 3：在属性面板“输出—数据表”处，单击鼠标右键创建变量“data_期中成绩”，勾选“添加标头”，如图 3-1-19 所示。

【温馨提示】

“范围”如未指定该值，则读取整个电子表格；如果该值只包含一个单元格，则从该单元格开始读取整个电子表格。仅支持字符串和字符串变量。

从指定 Excel 范围提取的数据存储在“数据表”变量中。仅支持数据表变量。

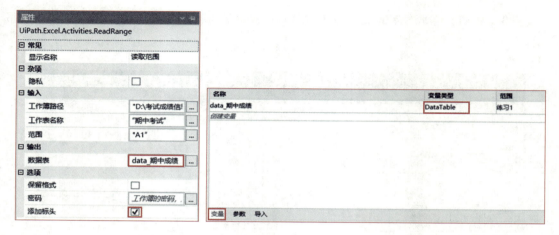

图 3-1-19　创建变量"data_期中成绩"

4.【构建数据表】活动

【构建数据表】活动的作用在于,根据指定架构在系统内创建一个数据表,需要创建变量存储该数据表内容,以便流程中其他环节使用,其详细介绍如图 3-1-20 所示。

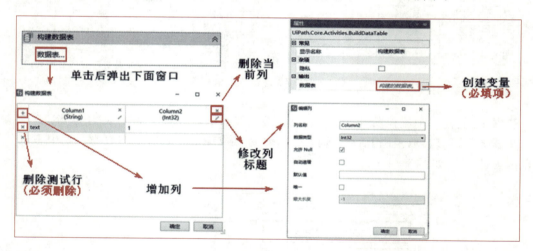

图 3-1-20　【构建数据表】活动

【温馨提示】

　　构建的数据表以变量形式存储于系统内部,不会展示在人机交互界面。如果需要写入 Excel 工作簿,需要使用【写入范围】【附加范围】等活动。

【例 3-1-8】在【例 3-1-7】的基础上,根据"考试成绩信息表"的列标题名称,构建一个新的数据表,并创建变量"data_考试信息"。进入"调试"界面,运用分步调试查看变量"data_考试信息"的结果。

步骤 1:在【例 3-1-7】【读取范围】活动下,添加【构建数据表】活动。在属性"输出—数据表"处,单击鼠标右键创建变量"data_考试信息",如图 3-1-21 所示。

图 3-1-21　添加【构建数据表】活动

步骤 2：点击"数据表"创建需要的数据表标题，列名称按"考试成绩信息表.xlsx"的项目名称填写，类型全部为"String"，空行只留一行，多余的请删除，并点击"确定"，如图 3-1-22 所示。

图 3-1-22　创建数据表标题

步骤 3：运行调试，查看变量"data_考试信息"的结果，如图 3-1-23 所示。

图 3-1-23　查看调试结果

5.【遍历循环】活动

【遍历循环】活动的作用在于,遍历集合(或 List)中的每一个元素(一次只遍历一个元素),并将其赋值给变量 item,然后执行循环体中的活动(每遍历一次,循环体便执行一次),使用方法如图 3-1-24 所示。

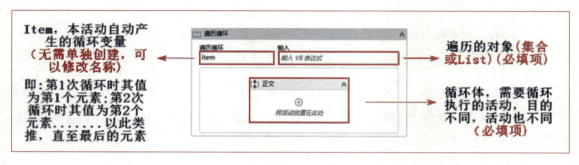

图 3-1-24　【遍历循环】活动

6.【设置文本】活动

【设置文本】活动的作用是用于将字符串写入指定用户界面元素的"文本"属性,详细介绍如图 3-1-25 所示。

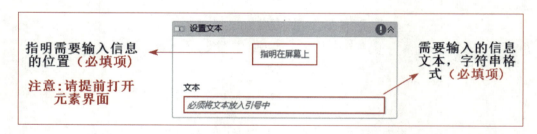

图 3-1-25　【设置文本】活动

7.【添加数据行】活动

【添加数据行】作用在于,将数据行添加至指定的数据表中。其详细介绍如图 3-1-26 所示。

三、将数据写入 Web

如需将数据写入 Web,需用到如下活动。

1.【对于每一个行】活动

【对于每一个行】活动用于对指定的"DataTable"变量中的每一行执行一次操作。【对于每一个行】的作用在于,遍历数据表中的每一行内容(一次只遍历一行),并将其赋值给变量 row,然后执行循环体中的活动(每遍历一次,循环体便执行一次),详细介绍如图 3-1-27 所示。

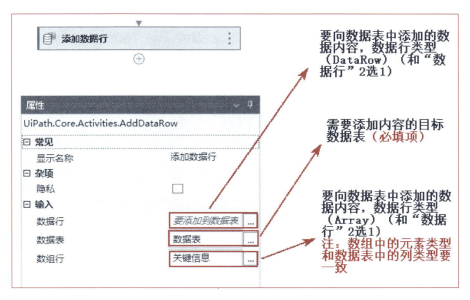

图 3-1-26　【添加数据行】活动

图 3-1-27　【对于每一个行】活动

【温馨提示】

　　row 是本活动自动产生的变量,不需要单独创建,可以修改名称,即第 1 次循环时其值为数据表第 1 行的内容;第 2 次循环时其值为数据表第 2 行的内容……以此类推,直至数据表的最后一行。

【知识链接】

　　之前学习了【遍历循环】活动,现在又学习了【对于每一个行】活动,两者都可以执行循环操作,它们的区别如图 3-1-28 所示。

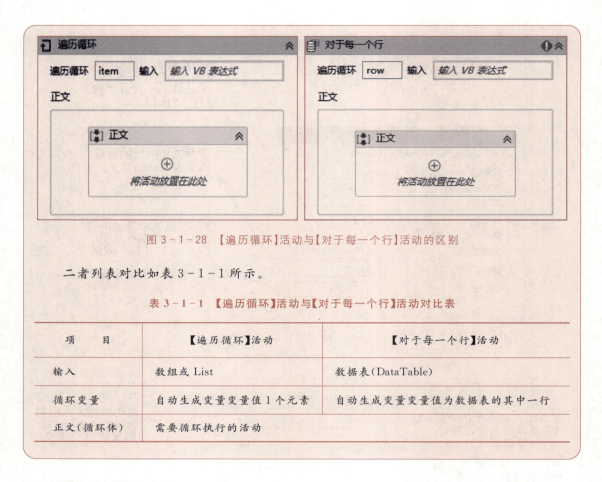

图 3 - 1 - 28　【遍历循环】活动与【对于每一个行】活动的区别

二者列表对比如表 3 - 1 - 1 所示。

表 3 - 1 - 1　【遍历循环】活动与【对于每一个行】活动对比表

项　　目	【遍历循环】活动	【对于每一个行】活动
输入	数组或 List	数据表(DataTable)
循环变量	自动生成变量变量值 1 个元素	自动生成变量变量值为数据表的其中一行
正文(循环体)	需要循环执行的活动	

2.【IF 条件】活动

　　【IF 条件】活动作用在于,根据设置的条件输出 Boolean 型的结果,即"真(True)"或"假(False)",用来确定接来下的流程走向,"True"则执行"Then"中的动作,"False"则执行"Else"中的动作,详细介绍如图 3 - 1 - 29 所示。

【温馨提示】

　　"Then"和"Else"中不能同时为空。

图 3 - 1 - 29　【IF 条件】活动

【例3－1－9】在【例3－1－7】的基础上，对学生的成绩进行判断，及格通过，不及格则周末补考。

步骤1：在【例3－1－7】【读取范围】活动下，添加【对于每一个行】活动。在活动界面的"输入"中输入变量"data_期中成绩"，如图3－1－30所示。

步骤2：在【对于每一个行】活动的正文中，添加【分配】活动。在"＝"左边单击鼠标右键创建变量"file_得分"；在"＝"右边输入表达式"row(2).ToString"，获取"data_期中成绩"的每一行第3列单元格的值，并将其转换为字符串格式。修改变量"file_得分"的范围为"练习1"，如图3－1－31所示。

图3－1－30　添加【对于每一个行】活动

图3－1－31　添加【分配】活动

【知识链接】

表达式"DataTable.Rows(x)(y).ToString"的作用是获取数据表（DataTable）的某行某列单元格的值，并将其转换为字符串格式，如图3－1－32所示。

图3－1－32　表达式"DataTable.Rows(x)(y).ToString"介绍

【温馨提示】

在数据表中,行与列的索引都是从 0 开始,即数据表的第 1 行内容(不含标题行)索引为 0,第 1 列索引为 0。

步骤3:在【分配】活动下,添加【IF 条件】活动。在条件中输入表达式:file_得分<"60";在"Then"中,添加【消息框】活动,输入:"周末补考";在"Else"中,添加【消息框】活动,输入:"通过",如图 3-1-33 所示。

图 3-1-33 添加【IF 条件】活动

【任务实训】

在项目"数据读取练习"中新建一个序列,命名为"练习 2"。使用【分配】活动创建变量"工资总额"并输入值,使用【IF 条件】活动进行判断,当工资总额≤5 000 时,使用【消息框】活动,显示"不交个人所得税";反之,显示"应交个人所得税"。

3.【消息框】活动

【消息框】活动作用在于,当该活动运行时,弹出一个消息框,向用户展示预设的信息,其详细介绍如图 3-1-34 所示。

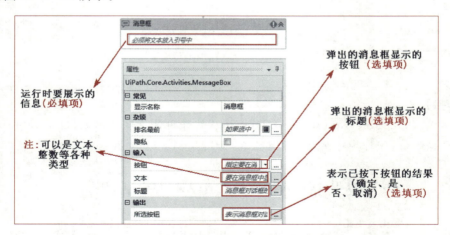

图 3-1-34 【消息框】活动

除上述三个活动以外,将数据写入 Web,还会用到【单击】活动和【输入信息】活动,在前面已经介绍过,这里不再赘述。

任务实施

一、网银自动付款 RPA 机器人工作流程设计

财务部出纳李媛在进行"网银自动付款机器人"开发之前,需要根据人工操作步骤,设计出 RPA 机器人的工作流程,之后根据 RPA 机器人的工作流程进行机器人的具体开发和实现。

（一）网银付款人工流程分析

李媛分析了在交通银行网银平台的业务,为纳出主要工作流程为网银登录、业务类型选择、单笔付款业务类型选择、单笔付款录入及保存、重复单笔付款录入及保存,具体有如下 8 个步骤:

（1）打开交通银行网银平台网站。

（2）输入银行账号、密码,单击登录。

（3）单击选择"企业单笔付款"。

（4）单击选择"付款录入"。

（5）打开"付款申请单"文件夹。

（6）打开"预算内常规付款申请 1"文件。

（7）将"预算内常规付款申请 1"文件中关键信息录入网银系统"付款录入"页面,并点击保存。

【注意】

在收款人信息填写时注意收款人的开户行,开户行是交通银行,则不用填写开户行名称,开户行是其他银行需要填写开户行名称,其余信息"收款账号""收款户名""汇款金额""摘要"都需要填写。

（8）重复进行（6）（7）步骤操作,直到"付款申请单"文件夹中最后一个文件录入完成并保存,即完成网银付款录入信息工作。

【注意】

接下来还要进行领导审批、款项支付,最终完成网银付款工作。本任务案例主要讲解依据付款申请录入网银系统这一规范、重复性工作,不包括领导审批、款项支付。

（二）网银自动付款 RPA 机器人流程分析（图 3-1-35）

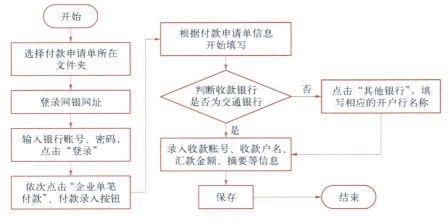

图 3-1-35　网银自动付款 RPA 机器人流程分析

二、网银自动付款 RPA 机器人的开发与实现

经过 RPA 机器人工作流程分析，RPA 机器人就可以进行实际开发了，具体开发步骤如下：

1. 打开交通银行网银平台并登录网银

步骤 1：新建项目，命名为"开发财务机器人"。

步骤 2：新建一个序列，命名为"网银自动付款机器人"。

步骤 3：在活动面板中搜索【选择文件夹】活动，并将其拖至"main 面板"上，属性栏中"输出—选择的文件夹"框里使用快捷键"Ctrl＋K"创建变量"选择文件夹"，如图 3－1－36 所示。

【温馨提示】

　　每个人创建的变量可以不一样，不区分中英文。

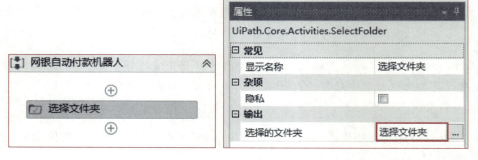

图 3－1－36　添加【选择文件夹】活动

步骤 4：活动面板搜索【打开浏览器】活动，拖至【选择文件夹】活动下方，在输入框中输入网银地址："http://ebank-rpa.netinnet.cn/jh_bank/login"，如图 3－1－37 所示。打开右侧属性栏，选择浏览器类型为"Chrome"，如图 3－1－38 所示。

图 3－1－37　添加【打开浏览器】活动

图 3－1－38　设置浏览器类型

步骤5：活动面板中搜索【最大化窗口】活动，拖至"打开浏览器—Do"中，如图3-1-39所示。

图3-1-39　添加【最大化窗口】活动

步骤6：搜索【输入信息】活动，拖至【最大化窗口】下面，点击"指出浏览器中的元素"，单击需要输入信息的位置（此处点击网银系统登录页面的"银行账户"输入框），输入网银系统登录账号："1100101040013058643"，如图3-1-40所示。

【温馨提示】
　　在英文状态下输入双引号。

图3-1-40　添加【输入信息】活动(银行账号)

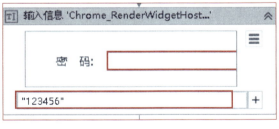

图3-1-41　添加【输入信息】活动(密码)

步骤7：再次添加【输入信息】活动，点击"指出浏览器中的元素"，单击需要输入信息的位置（此处点击网银系统登录页面的"密码"输入框），输入网银系统登录账号："123456"，如图3-1-41所示。

步骤8：搜索【单击】活动，拖至【输入信息】活动下方，点击"指出浏览器中的元素"，在浏览器中选中"登录"；再次添加【单击】活动，重复刚才的操作，在浏览器中选中"企业单笔付款"；再次添加【单击】活动，在浏览器中选中"付款录入"。如图3-1-42所示。

【温馨提示】

　　指出浏览器中的元素时,浏览器界面显示的一定是单击元素所在界面。

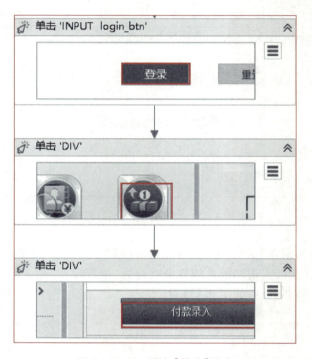

图3-1-42 添加【单击】活动

2. 获取付款申请记录

　　步骤9:搜索【分配】活动,拖至【打开浏览器—Do】活动中的【单击】活动下方,在"输入 VB 表达式"方框中,输入表达式"Directory. GetFiles(选择文件夹,"预算内常规付款申请*.xlsx")",如图3-1-43所示。在"To"处使用快捷键"Ctrl+K"创建变量"文件",变量类型修改为"Array of[T]"下面的"String",如图3-1-44所示。

【温馨提示】

　　【分配】活动是赋值的含义,将表达式处理的结果赋值给创建的变量"文件"。"String []"表示字符串数组的意思。

【知识链接】

　　表达式"Directory.GetFiles(选择文件夹,"预算内常规付款申请*.xlsx")",表示获取"选择文件夹"变量当中的名为"预算内常规付款申请*.xlsx"的文件。

　　步骤10:搜索【构建数据表】活动,拖至【分配】活动下方,点击"数据表"创建需要录入付款申请的数据标题,类型全部为"String",如图3-1-45所示。属性面板"输出—数据表"处创建变量"数据表",如图3-1-46所示。

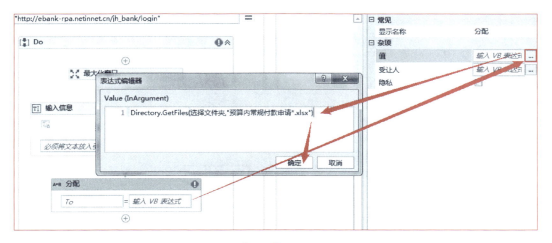

图 3-1-43 添加【分配】活动("输入 VB 表达式")

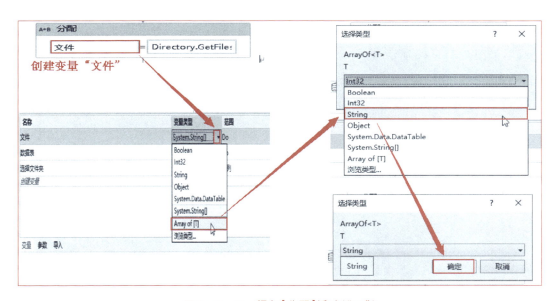

图 3-1-44 添加【分配】活动("To")

【温馨提示】
　　点击"数据表"创建需要的数据表标题时,空行只留一行,多余的请务必删除。

图 3-1-45 添加【构建数据表】活动("标题")

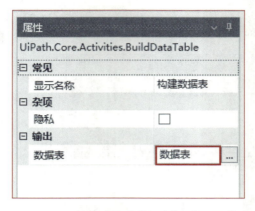

图 3-1-46　添加【构建数据表】活动（"属性"）

步骤 11：搜索【遍历循环】活动，拖至【构建数据表】活动下方，循环读取表格信息，"输入 VB 表达式"框中输入变量"文件"，如图 3-1-47。将属性面板 TypeArgument 类型修改为 "String"，如图 3-1-48 所示。

【温馨提示】
　　同一个变量只在第一次需要创建，后面使用该变量输入即可。

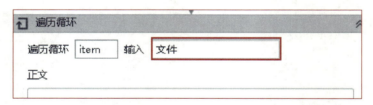

图 3-1-47　添加【遍历循环】活动（"输入"）

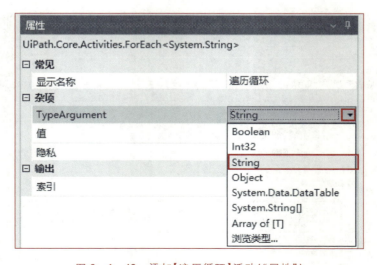

图 3-1-48　添加【遍历循环】活动（"属性"）

步骤12：搜索添加【读取范围】活动，拖至【遍历循环】活动正文中，"工作簿路径"中输入"item"，"范围"为空，属性面板"输出—数据表"栏创建变量"读取范围"，"添加标头"取消勾选，如图3-1-49所示。

【温馨提示】

　　一定要选择工作簿级下的【读取范围】。

图3-1-49　添加【读取范围】活动

步骤13：搜索添加【分配】活动，拖至【读取范围】活动下方，在"输入VB表达式"方框中，输入表达式"{读取范围.Rows(9)(1).ToString，读取范围.Rows(10)(1).ToString，读取范围.Rows(11)(1).ToString，读取范围.Rows(12)(1).ToString，读取范围.Rows(14)(1).ToString}"；在"To"处使用快捷键"Ctrl+K"创建变量"关键信息"，变量类型修改为"Array of [T]"下面的"String"。"{}"代表处理数组，如图3-1-50所示。

【温馨提示】

　　在英文状态下双引号输入；计算机从0开始计数。

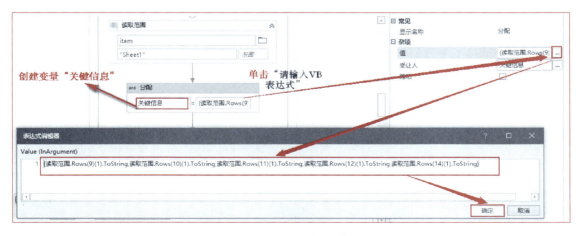

图3-1-50　添加【分配】活动

步骤14：搜索添加【添加数据行】活动，拖至【分配】活动下方，属性面板中"输入—数据表"位置输入"步骤10，构建数据表活动的变量（数据表）"，"输入—数组行"位置输入"步骤13，分配活动创建的变量（关键信息）"，如图3-1-51所示。

图3-1-51　添加【添加数据行】活动

3. 数据写入网银系统

步骤15：搜索添加【对于每一个行】活动，拖至【遍历循环】活动下方。"输入VB表达式"处输入变量"数据表"，如图3-1-52所示。

【温馨提示】

　　【对于每一个行】活动的位置在【遍历循环】活动外。

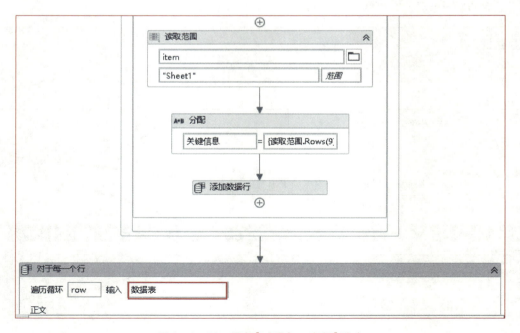

图3-1-52　添加【对于每一个行】活动

步骤 16：搜索添加【IF 条件】活动，拖至【对于每一个行】活动正文中，"Condition"判断条件输入：row(0).ToString.Contains("交通银行")，如图 3－1－53 所示。

【温馨提示】

0 表示的是步骤 10，【构建数据表】活动数据表——0 列（开户行），计算机从 0 开始计数。

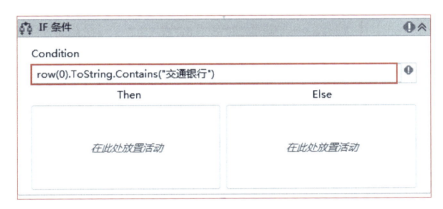

图 3－1－53　添加【IF 条件】活动

步骤 17：搜索添加【单击】活动，拖至 Else 中，单击"其他银行"，如图 3－1－54 所示。

图 3－1－54　添加【单击】活动（"其他银行"）

步骤 18：搜索添加【输入信息】活动，拖至 Else 中【单击】活动下方，点击"指出浏览器中的元素"，单击"其他银行输入框"，输入栏写入公式：row(0).ToString，如图 3－1－55 所示。

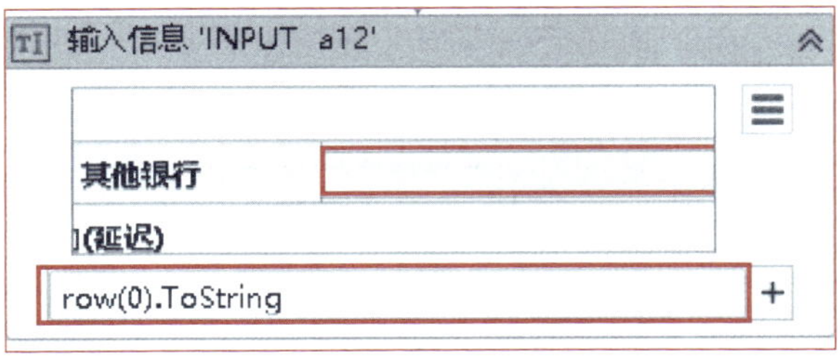

图 3－1－55　添加【输入信息】活动（"其他银行"）

步骤19：搜索【输入信息】活动，拖至【IF 条件】活动下方，点击"指出浏览器中的元素"，单击"收款账号"输入框，输入栏写入公式"row(2).ToString"。如图 3 - 1 - 56 所示。

【温馨提示】

　　"2"表示的是步骤10,【构建数据表】活动数据表——第 2 列（银行账号），计算机从"0"开始计数。

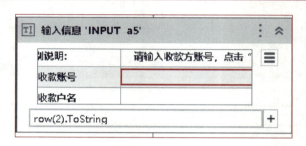

图 3 - 1 - 56　添加【输入信息】活动（"收款账号"）

继续添加【输入信息】活动，拖至第一个【输入信息】活动下方，点击"指出浏览器中的元素"，单击"收款户名"输入框，输入栏写入公式"row(1).ToString"。如图 3 - 1 - 57 所示。

【温馨提示】

　　1 表示的是步骤10,【构建数据表】活动数据表——第 1 列（收款人），计算机从"0"开始计数。

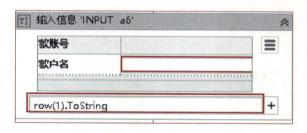

图 3 - 1 - 57　添加【输入信息】活动（"收款户名"）

再继续添加【输入信息】活动，拖至第二个【输入信息】活动下方，点击"指出浏览器中的元素"，单击"汇款金额"输入框，输入栏写入公式"row(3).ToString"。如图 3 - 1 - 58 所示。

【温馨提示】

　　3 表示的是步骤10,【构建数据表】活动数据表——第 3 列（汇款金额），计算机从"0"开始计数。

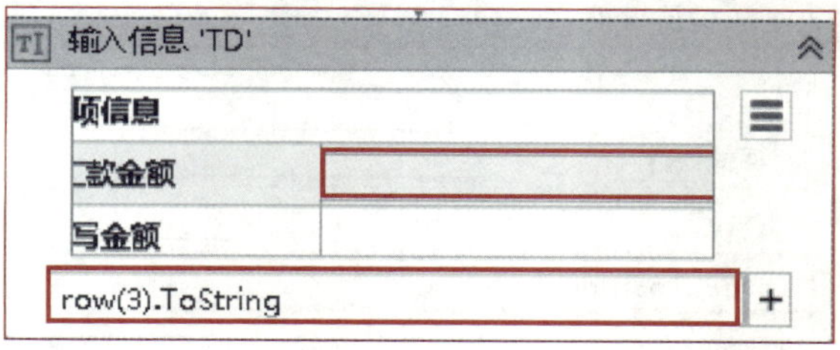

图 3 - 1 - 58　添加【输入信息】活动（"汇款金额"）

继续添加【输入信息】活动,拖至第三个【输入信息】活动下方,点击"指出浏览器中的元素",单击"手工录入"输入框,输入栏写入公式"row(4).ToString"。如图 3-1-59 所示。

【温馨提示】
　　"4"表示的是步骤 10,【构建数据表】活动数据表——第 4 列(摘要),计算机从"0"开始计数。

图 3-1-59　添加【输入信息】活动("手工录入")

步骤 20:搜索【单击】活动,拖至第四个【输入信息】活动下方,单击"保存"按钮;同理依次单击"确定"按钮,如图 3-1-60 所示。

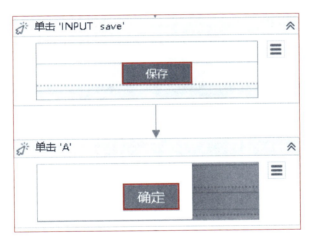

图 3-1-60　添加【单击】活动("保存、确定")

步骤 21:搜索【消息框】活动,拖至【对于每一个行】活动下方,输入栏英文双引号中输入文本"付款信息录入完成!",如图 3-1-61 所示。

【温馨提示】
　　【消息框】活动的位置在【对于每一个行】活动外。

至此,"网银自动付款机器人"开发完成,可以点击菜单栏中的"调试文件"按钮进行测试。点击按钮后,程序开始运行,运行速度与计算机的配置有关,直到弹出"付款信息录入完成"对话框,表示程序调试完毕,如图 3-1-62 所示。

出纳李媛看到付款信息快速录入网银系统,大大节约了办公时间,接下来她准备开发更多的财务机器人来做枯燥、重复、低附加值的工作。

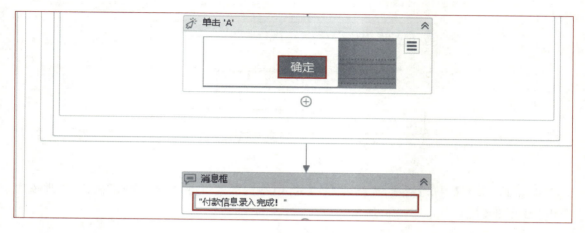

图 3-1-61 添加【消息框】活动

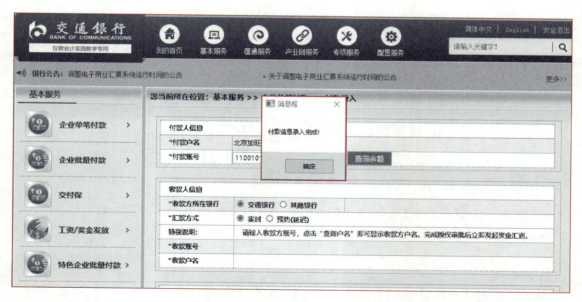

图 3-1-62 运行成功提示

【网银自动付款机器人操作大纲】

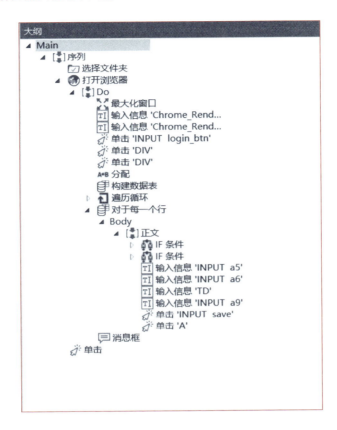

任务二　开发账龄分析机器人

◗ 知识学习目标

- 理解账龄分析底稿汇总的工作流程。
- 掌握【删除范围】活动的作用及使用方法。
- 掌握【删除重复范围】活动的作用及使用方法。
- 掌握【对于数据表中的每一行】活动的作用及使用方法。

◗ 技能训练目标

- 能根据特定的业务场景，准确梳理账龄分析人工流程。
- 能根据账龄分析人工流程设计 RPA 流程。
- 能熟练绘制账龄分析底稿汇总的流程图。
- 能独立完成账龄分析机器人的开发和测试。

◗ 素质教育目标

- 通过绘制账龄分析底稿汇总的流程图的学习，养成珍惜时间、提高效率的惜时精神。

- 能够通过账龄分析机器人的开发和测试的学习,践行精益求精、一丝不苟的敬业精神。
- 能够通过根据人工流程设计 RPA 流程的学习,培育乐观自信、勇于挑战的拼搏精神。

 任务描述

财务部主管诸莞:"小张,你最近工作表现真好。费用汇总、付款申请汇总处理得又快又准确,是找到什么诀窍了吗?"

财务部会计张芳:"我最近学了 RPA,针对这些业务开发了几个机器人,所以效率高了很多。"

诸莞:"你可真是爱钻研,这 RPA 对咱们还挺有用的。最近有个事,我想了好久也没找到办法,看 RPA 是否可以搞定。小王每月汇总账龄分析底稿很慢,而且总出错。业务其实挺简单的,就是把近 3 年的往来科目余额表按照客户分类汇总到一张表上。但是涉及数据多,公式有些复杂,人工操作容易出错,来回检查挺费时间的。"

张芳:"源数据是余额表,格式都一样的话,RPA 应该可以搞定的,我来试试吧。"

诸莞:"太好了,咱们子公司挺多,客户、供应商都要分析账龄,要是 RPA 可以搞定,那效率会大大提高。"

 知识准备

一、新建项目和序列

为实现 UiPath 对自动化流程的设计,必须新建项目和序列。操作步骤如下:

步骤 1:打开 UiPath Studio,在"主页"左侧单击"开始",在"开始"菜单右侧"新建项目"下单击"流程",在弹出的对话框中点击"创建"即可完成新建项目,如图 3-2-1、图 3-2-2 所示。

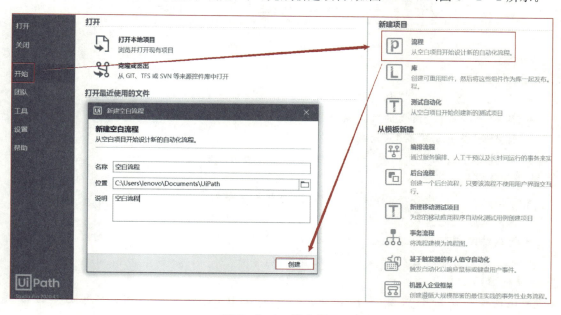

图 3-2-1　新建项目

图 3-2-2 新建项目效果

步骤 2：点击"设计"，点击"新建"下拉菜单的"序列"，在弹出的对话框中点击"创建"即可完成新建序列，如图 3-2-3、图 3-2-4 所示。

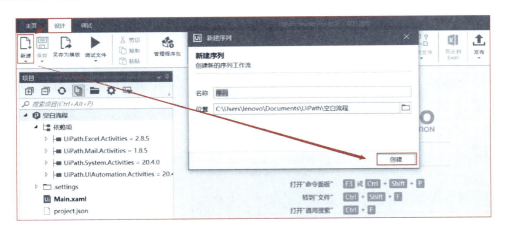

图 3-2-3 新建序列

图 3-2-4 新建序列效果

二、账龄分析底稿的汇总常用活动的使用

为实现 UiPath 对账龄分析底稿的汇总，UiPath 提供了几个相关的活动，主要有：【删除范围】活动、【删除重复范围】活动、【对于每一个行】活动，其活动详细内容如图 3-2-5 所示。账龄分析底稿的汇总涉及的【读取范围】活动、【消息框】活动在"模块三""任务一开发网银自动付款机器人"中已经讲解过具体的处理方法，在此不再赘述。

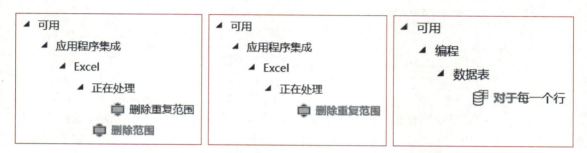

图 3-2-5 【删除范围】活动、【删除重复范围】活动、【对于每一个行】活动

（一）【删除范围】活动

【删除范围】活动的作用是删除指定工作簿，指定工作表当中指定范围内的数据，详细介绍如图 3-2-6 所示。

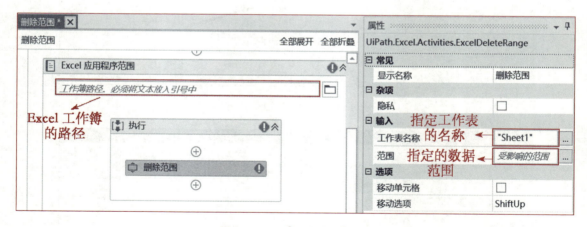

图 3-2-6 【删除范围】活动

【例 3-2-1】使用【删除范围】活动删除"练习 3.2：供应商数据"工作簿中"2021 年余额表"第一列的供应商名称。

步骤 1：新建一个流程项目，项目名称为"RPA 在财务中的应用——Excel 篇"，新建序列，命名为"删除范围"。

步骤 2：添加【Excel 应用程序范围】活动，选择"练习 3.2：供应商数据.xlsx"工作簿，如图 3-2-7 所示。

图 3 - 2 - 7　添加【Excel 应用程序范围】活动并选择工作簿

　　步骤 3：添加【读取范围】活动，读取"2021 年余额表"工作表的全部内容并保存至创建的变量"余额表 2021"中，如图 3 - 2 - 8 所示。

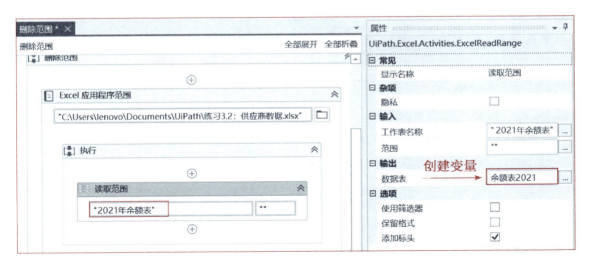

图 3 - 2 - 8　添加【读取范围】活动并设置属性

　　步骤 4：添加【写入范围】活动，将变量"余额表 2021"写入 Sheet1 工作表中，勾选"添加标头"，如图 3 - 2 - 9 所示。
　　步骤 5：添加"【删除范围】"活动，设置工作表名称为："Sheet1"，设置范围为："A2：A1000"，如图 3 - 2 - 10 所示。
　　步骤 6：运行流程文件，打开"练习 3.2：供应商数据"工作簿，查看运行结果，如图 3 - 2 - 11 所示。

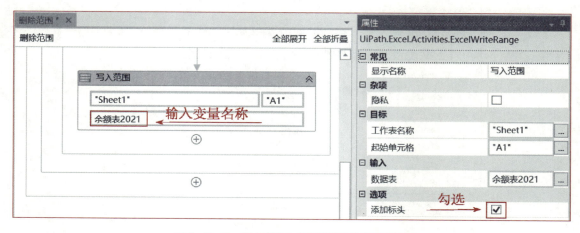

图 3-2-9　添加【写入范围】活动并设置属性

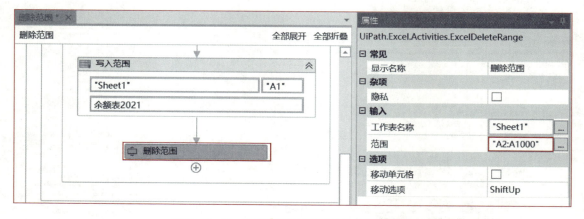

图 3-2-10　添加【删除范围】活动并设置属性

◢	A	B	C	D	E
1	供应商名称	年初余额(万元)	借方余额(万元)	贷方余额(万元)	年末余额(万元)
2		-2 250	450	450	-2 250
3		-1 000	0	0	-1 000
4		-60 000	0	0	-60 000
5		80 000	0	0	80 000
6		7 000	0	0	7 000

图 3-2-11　运行结果

【温馨提示】

　　由于【删除范围】活动的"范围"是一个区域,当知道起始单元格位置,而无法确定结束单元格位置时,可以尽量把结束位置输入较大的值,以提高其适用性。如清空除标题行之外的所有数据(即删除"A2"右下方向所有的数据),可以输入:"A2:ZZ100000";删除从B2开始的当前列的所有数据,可以输入:"B2:B100000"。

(二)【删除重复范围】活动

　　【删除重复范围】活动的作用是删除指定工作簿,指定工作表当中指定范围内完全相同的行数据,详细介绍如图 3-2-12 所示。

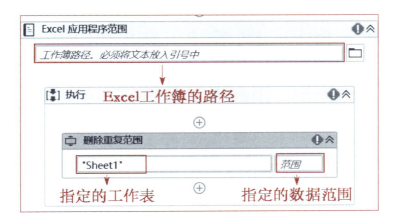

3-2-12　【删除重复范围】活动

　　【例 3-2-2】针对"练习 3.2:供应商数据"工作簿中"2021 年余额表"的数据,使用【删除重复范围】活动删除重复的供应商名称。

　　步骤 1:新建一个流程项目,项目名称为"RPA 在财务中的应用——Excel 篇";新建序列,命名为"删除重复范围"。

　　步骤 2:添加【Excel 应用程序范围】活动,选择"练习 3.2:供应商数据.xlsx"工作簿,如图 3-2-13 所示。

图 3-2-13　添加【Excel 应用程序范围】活动并选择工作簿

步骤 3：添加【读取范围】活动，读取"2021 年余额表"工作表中的内容并保存至创建的变量"余额表 2021"中，如图 3-2-14 所示。

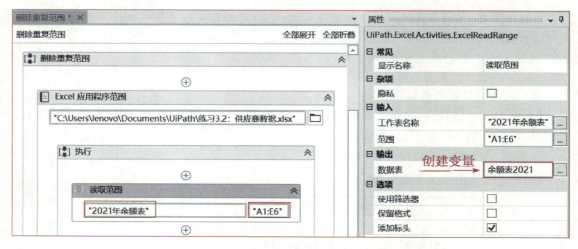

图 3-2-14 添加【读取范围】活动并设置属性

步骤 4：添加两个【附加范围】活动，将变量写入 Sheet2 工作表中，如图 3-2-15 所示。

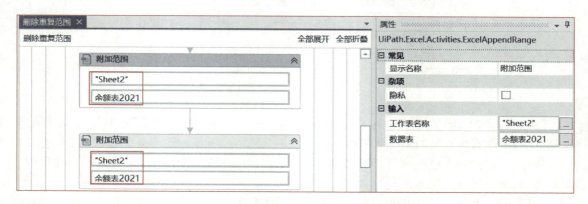

图 3-2-15 添加【附加范围】活动并设置属性

步骤 5：添加【删除重复范围】活动，设置工作表名称为："Sheet2"，设置范围为："A1:A1000"，如图 3-2-16 所示。

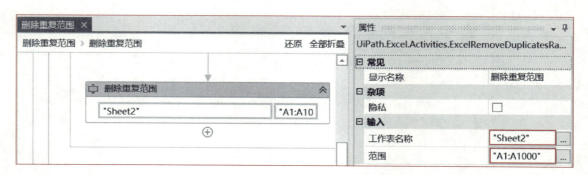

图 3-2-16 添加【删除重复范围】活动并设置属性

步骤6：运行当前文件，打开"练习3.2：供应商数据"工作簿，查看运行结果，如图3-2-17所示。

	A	B	C	D	E
1	供应商名称	年初余额	借方金额	贷方金额	年末余额
2	山西德睿思信息科技有限公司	(2,250.00)	450.00	450.00	(2,250.00)
3	陕西秦翼智能科技有限公司	(1,000.00)	-	-	(1,000.00)
4	陕西万盛达信息科技有限公司	(60,000.00)	-	-	(60,000.00)
5	西安易诺敬业电子科技有限责任公司	80,000.00	-	-	80,000.00
6	云南艾盾科技有限公司	7,000.00	-	-	7,000.00
7		(2,250.00)	450.00	450.00	(2,250.00)
8		(1,000.00)	-	-	(1,000.00)
9		(60,000.00)	-	-	(60,000.00)
10		80,000.00	-	-	80,000.00
11		7,000.00	-	-	7,000.00

图3-2-17 运行结果

(三)【对于每一个行】活动

【对于每一个行】活动的作用是遍历数据表中的每一行内容（一次只遍历一行），并将其赋值给变量Row，然后执行循环体中的活动（每遍历一次，循环体便执行一次），详细介绍如图3-2-18所示。

图3-2-18 【对于每一个行】活动

【例3-2-3】针对"练习3.2：供应商数据"工作簿中"2021年余额表"的数据，使用【对于每一个行】活动进行遍历循环。

步骤1：在项目"RPA在财务中的应用——Excel篇"中新建序列，命名为【对于每一个行】。

步骤2：添加【Excel应用程序范围】活动，选择"练习3.2：供应商数据"工作簿。

步骤3：添加【读取范围】活动，读取"2021年余额表"中"A1:E6"的内容并保存至创建的变量"余额表2021"中，勾选"添加标头"，如图3-2-19所示。

步骤4：添加【对于每一个行】活动，在"输入"中填写"余额表2021"，如图3-2-20所示。

图 3 - 2 - 19　添加【读取范围】活动并设置属性

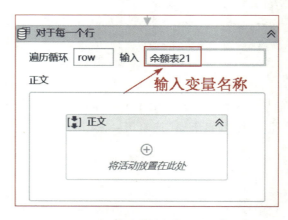

图 3 - 2 - 20　添加【对于每一个行】活动

步骤5：进入"调试"界面，使用分步调试，查看变量"余额表2021""Row"的结果，如图 3 - 2 - 21 所示。

	A	B	C	D	E
1	供应商名称	年初余额(元)	借方余额(元)	贷方余额(元)	年末余额(元)
2	山西德睿思信息科技有限公司	(2 250.00)	450.00	450.00	(2 250.00)
3	供应商名称	年初余额	借方金额	贷方金额	年末余额
4	陕西秦翼智能科技有限公司	(1 000.00)	—	—	(1 000.00)
5	供应商名称	年初余额	借方金额	贷方金额	年末余额
6	陕西万盛达信息科技有限公司	(60 000.00)			(60 000.00)
7	供应商名称	年初余额	借方金额	贷方金额	年末余额
8	西安易诺敬业电子科技有限责任公司	80 000.00			80 000.00
9	供应商名称	年初余额	借方金额	贷方金额	年末余额
10	云南艾盾科技有限公司	7 000.00			7 000.00

图 3 - 2 - 21　效果图

【任务实训】

　　在序列【对于每一个行】活动上一步流程的基础上，添加【日志消息】活动并输入表达式，尝试输出客户名称、年初余额、借方金额、贷方金额、年末余额等信息。运行文件，在输出面板中查看运行结果。

任务实施

一、账龄分析 RPA 机器人工作流程设计

张芳在进行"账龄分析机器人"开发之前,需要根据人工操作步骤,设计出 RPA 机器人的工作流程,之后根据工作流程进行机器人的具体开发和实现。

(一)账龄分析人工流程分析

张芳分析了账龄分析在查找、删除、汇总、保存等功能的人工操作步骤,总结如下:

(1)打开业务数据。

(2)复制"2018 年余额表"中的客户名称。

(3)粘贴至"汇总底稿"中"客户"列。

(4)复制"2019 年余额表"的客户名称。

(5)粘贴至"汇总底稿"中"客户"列。

(6)复制"2020 年余额表"的客户名称。

(7)粘贴至"汇总底稿"中"客户"列。

(8)使用"删除重复项",删除重复客户。

(9)在汇总底稿每一行客户中,输入对应的公式,获取对应值。

(二)账龄分析 RPA 机器人流程分析(图 3-2-22)

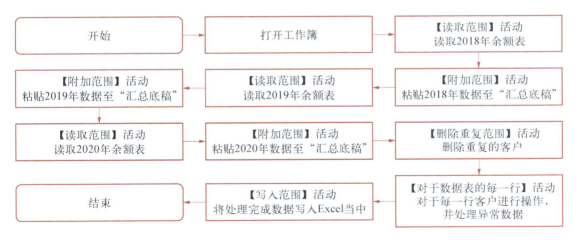

图 3-2-22 账龄分析 RPA 机器人工作流程分析

二、账龄分析 RPA 机器人的开发与实现

经过 RPA 机器人工作流程分析,RPA 机器人就可以进行实际开发了,具体开发步骤如下:

步骤 1:新建项目,命名为"RPA 在财务中的应用——Excel 篇"。

步骤 2:新建一个序列,命名为"账龄分析机器人"。

步骤 3:添加【消息框】活动到序列中,输入:"请选择待处理的余额表数据",如图 3-2-23 所示。

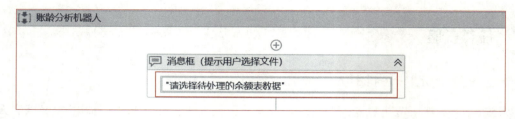

图 3-2-23　添加【消息框】活动

步骤 4：添加【选择文件】活动到序列中，打开属性面板，创建变量"file"，如图 3-2-24 所示。

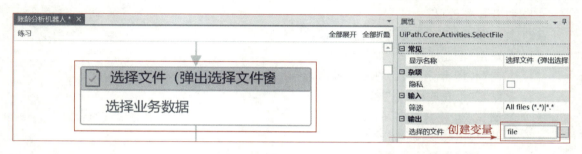

图 3-2-24　添加【选择文件】活动并设置属性

步骤 5：添加【Excel 应用程序范围】活动，在正文中添加 3 个【读取范围】活动，在文件路径中输入变量"file"，工作表名称依次输入："2018 年余额表"，"2019 年余额表"，"2020 年余额表"，范围设置为："A1"，打开属性面板，在"属性—选项"中勾选"添加标头"，在"属性—输出"中依次创建变量"余额表 2018""余额表 2019""余额表 2020"，如图 3-2-25、图 3-2-26 所示。

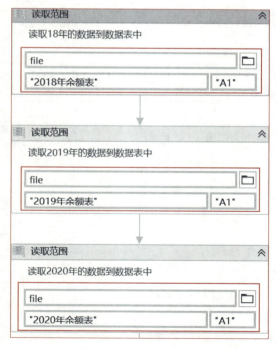

图 3-2-25　【读取范围】活动设置

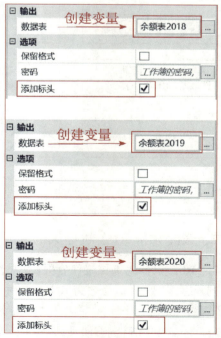

图 3-2-26　【读取范围】活动设置属性

步骤6：在【应用程序】活动下方，添加【联接数据表】活动，点击"联接向导"并进行设置，如图 3 - 2 - 27 所示。

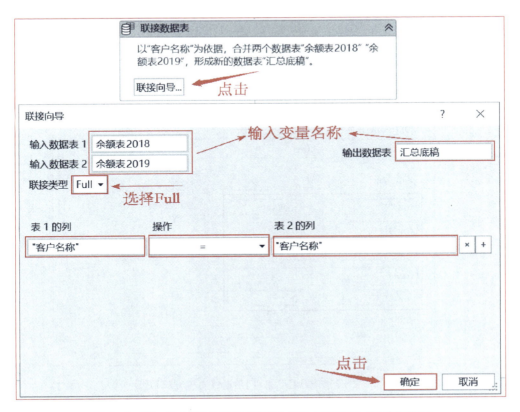

图 3 - 2 - 27 添加【联接数据表】活动并点击"联接向导"进行设置

步骤7：添加【对于每一个行】活动到序列中，输入变量"汇总底稿"，如图 3 - 2 - 28 所示。

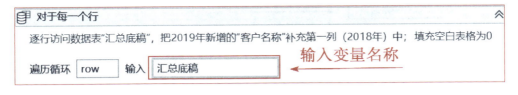

图 3 - 2 - 28 添加【对于每一个行】活动并输入变量名称

步骤8：在【对于每一个行】活动的"正文"中，添加【IF 条件】活动，在条件中输入表达式：row(0).ToString＝""。在"Then"中添加【多重分配】活动，在"＝"左边依次输入 row(0)，row(1)，row(2)，row(3)，row(4)，"＝"右边的表达式中依次输入 row(5)，0，0，0，0，如图 3 - 2 - 29 所示。

步骤9：在【对于每一个行】活动的"正文"中，【IF 条件】活动的下方，再添加一个【IF 条件】活动，在条件中输入表达式：row(5).ToString＝""。在"Then"中添加【多重分配】活动，在"＝"左边依次输入 row(6)、row(7)、row(8)、row(9)，"＝"右边的表达式中输入 0，0，0，0，如图 3 - 2 - 30 所示。

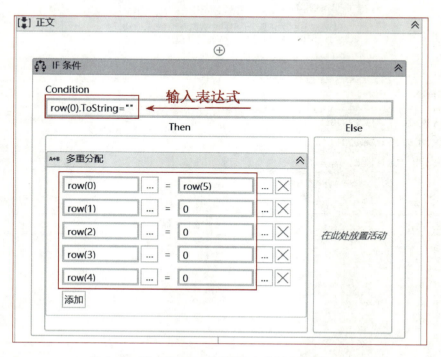

图 3-2-29　添加【IF 条件】活动、【多重分配】活动

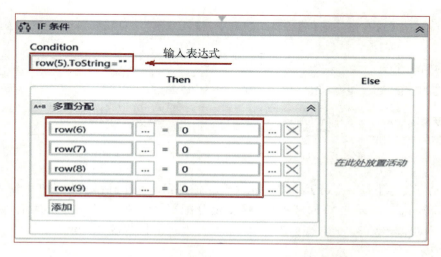

图 3-2-30　继续添加【IF 条件】活动、【多重分配】活动

步骤10：在【对于每一个行】活动下方，添加【联接数据表】活动，点击"联接向导"，如图3－2－31所示。

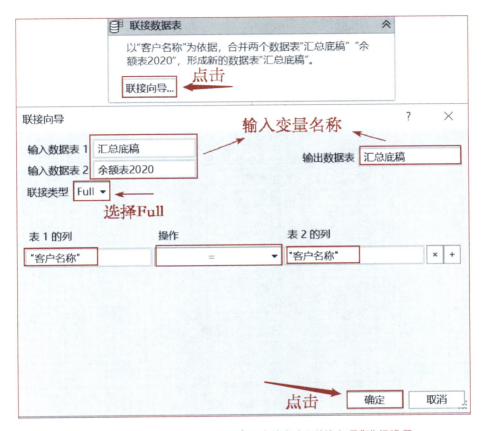

图3－2－31 添加【联接数据表】活动并点击"联接向导"进行设置

步骤11：添加【对于每一个行】活动到序列中，输入变量"汇总底稿"，如图3－2－32所示。

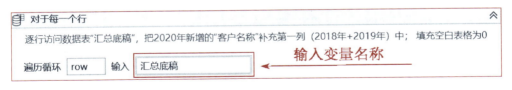

图3－2－32 添加【对于每一个行】活动并输入变量名称

步骤12：在【对于每一个行】活动的"正文"中，添加【IF条件】活动，在条件中输入表达式：row(0).ToString＝""。在"Then"中添加【多重分配】活动，在"＝"左边依次输入row(0)、row(1)、row(2)、row(3)、row(4)、row(5)、row(6)、row(7)、row(8)、row(9)；"＝"右边的第一个表达式中输入"row(10)"，其余都输入0，如图3－2－33所示。

步骤13：在【对于每一个行】活动的"正文"中，【IF条件】活动的下方，再添加一个【IF条件】活动，在条件中输入表达式：row(10).ToString＝""。在"Then"中添加【多重分配】活动，在"＝"左边依次输入row(11)、row(12)、row(13)、row(14)；"＝"右边的表达式中输入0,0,0,0，如图3－2－34所示。

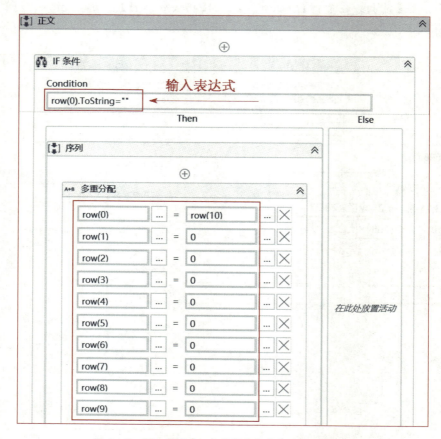

图 3-2-33　添加【IF 条件】活动、【多重分配】活动

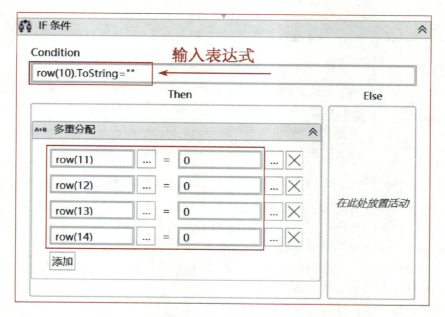

图 3-2-34　添加【IF 条件】活动、【多重分配】活动

步骤 14：在【对于每一个行】活动的外部，添加 4 个【删除数据列】活动，在"属性—输入—数据表"中输入变量"汇总底稿"，打开属性面板，在"属性—输入—列名称"中依次输入："客户名称_1"，"年初余额_1"，"客户名称_2"，"年初余额_2"，如图 3-2-35 所示。

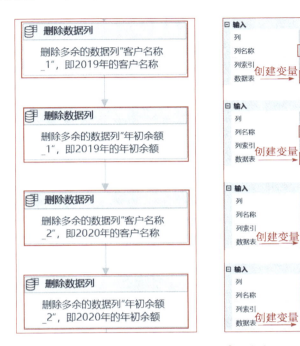

图 3-2-35 添加【删除数据列】活动并设置属性

步骤 15：添加【写入范围】活动，在文件路径中输入"file"，工作表为："汇总底稿"，范围为："A2"，输入变量"汇总底稿"，如图 3-2-36 所示。

图 3-2-36 添加【写入范围】活动

步骤 16：在活动中搜索【消息框】活动，找到后将其添加到序列中，输入："汇总完成！"，如图 3-2-37 所示。

图 3-2-37 添加【消息框】活动

至此,"账龄分析机器人"开发完成,可以点击菜单栏中的"调试文件"按钮进行测试。点击按钮后,程序开始运行,运行速度与计算机的配置有关,直到弹出显示完成的对话框,表示程序调试完毕,此时打开"实验 3.3:业务数据"文件,可以看到,自动抓取的信息已经保存到了Excel 文件中,如图 3-2-38 所示。

客户	2018年年初余额	2018年借方发生	2018年贷方发生	2018年年末余额	2019年借方发生	2019年贷方发生	2019年年末余额	2020年借方发生	2020年贷方发生	2020年年末余额
北京爱酷智能科技有	770754.04	1208657.74	725851.48	1253560.3	807861.95	930000	1131422.25	64083.79	10000	1185506.04
深圳神州泰业科技发	4000	18000	18000	4000	0	0	4000	38400	0	42400
深圳众鸿信息技术	-2770	0	0	-2770	0	0	-2770	0	0	-2770
深圳科蓝软件系统服	1500	0	0	1500	0	0	1500	0	0	1500
深圳祥和正业科技发	-880	0	0	-880	0	0	-880	0	0	-880
深圳鑫万佳科技发展	113220	89700	82890	120030	47100	66900	100230	2100	12330	90000
怀来卡莱来电子科技	29970	207700	218390	19280	364880	383855	305	122173	107818	14660
深圳博通智雅科技发	-8000	0	0	-8000	0	0	-8000	0	0	-8000
深圳军开晋电子模具	259670	0	180000	79670	0	76700	2970	0	0	2970
深圳聚宝网络科技有	60000	0	0	60000	0	0	60000	0	0	60000
深圳麦哲科技有限公	-1180	74840	77540	-3880	36000	36000	-3880	43370	43370	-3880
深圳华夏聚龙自动化	-910	0	0	-910	0	0	-910	0	0	-910
深圳汇和乾元科技发	334140	0	0	334140	11100	111680	233560	0	234421	-861
启融普惠(北京)科	36000	0	0	36000	0	0	36000	0	0	36000
深圳兆维自服装备有	0	24370	23260	1110	43520	45370	-740	32960.01	31110	1110.01
深圳意帆盛世体有文	450	0	0	450	0	0	450	0	0	450
北京市华科南方电子	-11050	0	0	-11050	0	0	-11050	0	0	-11050
中电恒宇(北京)科	808	0	0	808	0	0	808	0	0	808
深圳紫光图文系统有	-720	0	0	-720	0	0	-720	0	0	-720
深圳铭盛佳业商贸有	-450	0	0	-450	0	0	-450	0	0	-450
深圳中科安瑞科技有	4900	0	0	4900	0	0	4900	0	0	4900
深圳赛方启航软件有	-5600	0	0	-5600	0	0	-5600	0	0	-5600
深圳华宇信息技术有	-1100	0	0	-1100	0	0	-1100	0	0	-1100
深圳安科信创科技发	555620	497240	773450	279410	310000	589000	410	225	225	410

图 3-2-38　抓取信息保存到 Excel 文件

【账龄分析机器人大纲】

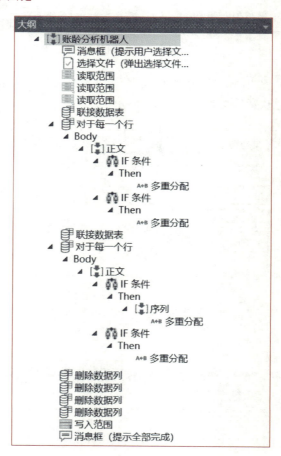

任务三　开发银企对账机器人

◯ 知识学习目标

- 理解 Excel 自动化操作的工作流程。
- 掌握表达式"DataTable.Row(x)(y).ToString"的作用及使用方法。
- 掌握【筛选数据表】活动的作用及使用方法。
- 掌握【联接数据表】活动的作用及使用方法。

◯ 技能训练目标

- 能根据银企对账业务场景进行需求分析。
- 能根据银企对账业务人工流程设计 RPA 流程。
- 能熟练绘制银企对账业务操作的流程图。
- 能独立完成银企对账机器人的开发和测试。

◯ 素质教育目标

- 通过开发银企对账机器人,培养学生严谨、细致、认真的工作态度。
- 通过开发银企对账机器人,培养学生的团队意识和合作精神。
- 通过成功开发银企对账机器人,培育学生的学习信心。

任务描述

在北京市格莱美电器制造有限公司财务部周会上。

张芳:"你们做账的时候能不能认真点,别丢三落四的,这么多银行账户,每月对账都得花费 3 天,不仅要一行一行地勾选,还要编制银行存款余额调节表。"

诸莞:"张芳你别激动,忙归忙,可千万要仔细、谨慎,万万不可马虎大意。咱们会计工作要求的就是客观、公正,千万不能因为有情绪而影响自己的职业判断! 不过,有问题咱们就找解决的办法。前段时间咱们开发了网银付款机器人,节省了部门好多工作,录入付款信息时又快又准,咱们这个银企对账和银行存款余额调节表的编制能不能也开发一个机器人呢?"

张芳:"要是也能有个机器人来帮帮我,那可就太好啦!"

于是张芳找到研发部的同事学习起 RPA 课程来,试着自己做一个"银企对账机器人",来帮助核对银行对账单和银行存款日记账,编制银行存款余额调节表。

知识准备

完成银企对账工作 Excel 自动化操作,UiPath 提供了表达式和几个相关的活动,主要有"表达式 DataTable.Rows(x)(y).ToString"、【筛选数据表】活动和【联接数据表】活动等。

一、表达式 DataTable.Rows(x)(y).ToString

表达式 DataTable.Rows(x)(y).ToString 的作用是获取数据表（Data Table）的某行某列单元格的值，并将其转换为字符串格式，其详细介绍如图 3-3-1 所示。

图 3-3-1　表达式 DataTable.Rows(x)(y).ToString 介绍

二、【筛选数据表】活动

【筛选数据表】活动的作用是根据输入的过滤条件，按要求保留或删除工作表内相关信息，用来保存经过滤之后需要的信息，如图 3-3-2 所示。

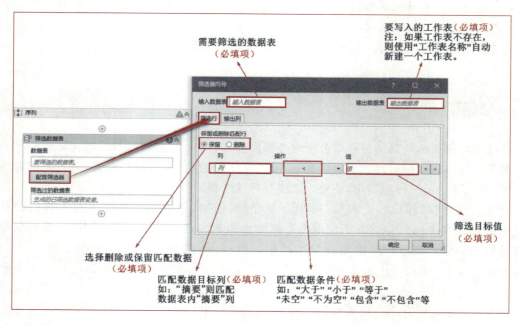

图 3-3-2　【筛选数据表】活动

【**例 3-3-1**】筛选银行对账单中"期初余额"相关信息，如图 3-3-3 所示。

步骤 1：新建一个流程项目，项目名称为"银企对账机器人"；新建序列，命名为"筛选数据表练习"。

步骤 2：添加【读取范围】活动，在工作簿路径中输入银行对账单保存路径，工作表名称为："Sheet1"，范围为："A：J"，在"属性—选项"中勾选"添加标头"，在"属性—输出"中创建变量"data_银行对账单"，如图 3-3-4 所示。

A	B	C	D	E	F	G	H	I	J
日期	摘要	凭证种类	凭证号码	借方	贷方	余额	对方账号	对账户名	流水号
20171101	期初余额					2 922 420.08			
20171105	现金存入				50 000.00	2 972 420.08			
20171108	转账汇款			15 429.00		2 956 991.08			
20171108	扣缴纳增值税			56 000.00		2 900 991.08			
20171108	扣缴纳个人所得税			852.73		2 900 138.35			
20171108	扣缴纳地方税费			6 720.00		2 893 418.35			
20171110	汇款入账				145 775.46	3 039 193.81			
20171115	支付工资			119 385.27		2 919 808.54			
20171115	扣缴纳社会保险费			54 479.00		2 865 329.54			
20171115	扣缴纳工会经费			3 044.00		2 862 285.54			
20171115	扣缴纳公积金			31 400.00		2 830 885.54			
20171118	取现			30 000.00		2 800 885.54			
20171120	汇款入账				206 255.54	3 007 141.08			
20171121	转入				599 400.00	3 606 541.08			
20171125	现金存入				68 092.00	3 674 633.08			
20171130	水电费			19 176.00		3 655 457.08			
20171130	电话费			2 670.00		3 652 787.08			
20171130	转账汇款			300 000.00		3 352 787.08		艾斯电器有限公司	
20171130	利息				737.47	3 353 524.55			
20171130	手续费			15.00		3 353 509.55			
20171130	转账汇款			200 000.00		3 153 509.55		佛山龙腾贸易有限公司	

图 3-3-3　银行对账单

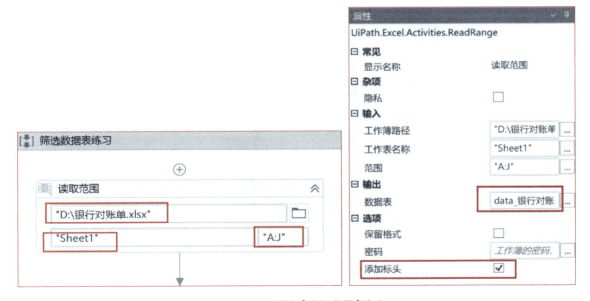

图 3-3-4　添加【读取范围】活动

【温馨提示】

注意勾选标头，否则读取数据不全。

步骤 3：添加【筛选数据表】活动，属性设置如图 3-3-5 所示：在"输入—数据表"和"输出—数据表"中都输入变量"data_银行对账单"。在【筛选数据表】活动中点击"配置筛选器"按钮,在弹出的"筛选器向导"中点击"筛选行",选择"保留",在列中输入:"摘要",操作选择"＝",值中输入:"期初余额",点击确定。

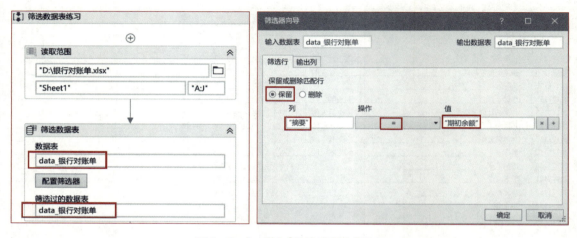

图 3 - 3 - 5 添加【筛选数据表】活动

步骤 4:添加【写入范围】活动,在【筛选数据表】活动下面添加【写入范围】活动,在属性"目标—工作表名称"中输入:"Sheet1",在属性"目标—起始单元格"中输入:"A1",在属性"输入—工作簿路径"中输入:"data_银行对账单.xlsx",在属性"输入—数据表"中输入变量"data_银行对账单",勾选"添加标头",如图 3 - 3 - 6 所示。

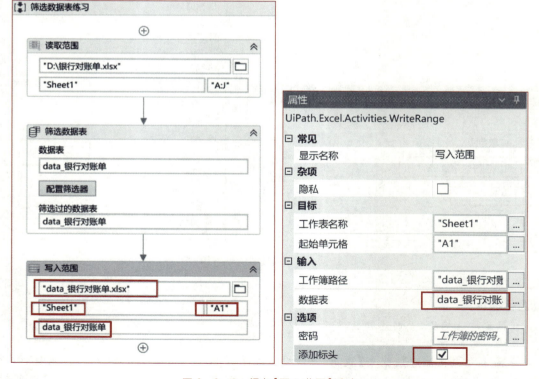

图 3 - 3 - 6 添加【写入范围】活动

步骤5：运行流程文件，查看运行结果，如图3-3-7所示。

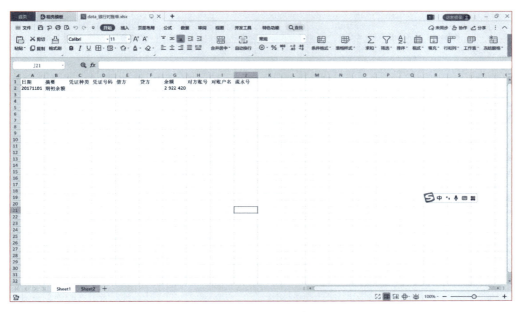

图3-3-7 筛选结果

【任务实训】

　　尝试运用筛选数据表活动，筛选银行对账单中，"转账汇款"相关信息。

三、【联接数据表】活动

　　【联接数据表】活动的作用是根据输入的联接方式，按要求保留两个工作表内相关信息，用来生成联接后需要的信息，如图3-3-8所示。

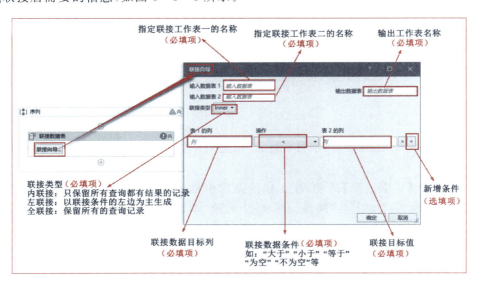

图3-3-8 【联接数据表】活动

【例 3－3－2】 联接银行对账单与银行存款日记账中金额相等的信息，并保留所有信息。

	A	B	C	D	E	F	G	H	I	J
	日期	摘要	凭证种类	凭证号码	借方	贷方	余额	对方账号	对账户名	流水号
	20171101	期初余额					2 922 420.08			
	20171105	现金存入				50 000.00	2 972 420.08			
	20171108	转账汇款			15 429.00		2 956 991.08			
	20171108	扣缴纳增值税			56 000.00		2 900 991.08			
	20171108	扣缴纳个人所得税			852.73		2 900 138.35			
	20171108	扣缴纳地方税费			6 720.00		2 893 418.35			
	20171110	汇款入账				145 775.46	3 039 193.81			
	20171115	支付工资			119 385.27		2 919 808.54			
	20171115	扣缴纳社会保险费			54 479.00		2 865 329.54			
	20171115	扣缴纳工会经费			3 044.00		2 862 285.54			
	20171115	扣缴纳公积金			31 400.00		2 830 885.54			
	20171118	取现			30 000.00		2 800 885.54			
	20171120	汇款入账				206 255.54	3 007 141.08			
	20171121	转入				599 400.00	3 606 541.08			
	20171125	现金存入				68 092.00	3 674 633.08			
	20171130	水电费			19 176.00		3 655 457.08			
	20171130	电话费			2 670.00		3 652 787.08			
	20171130	转账汇款			300 000.00		3 352 787.08		艾斯电器有限公司	
	20171130	利息				737.47	3 353 524.55			
	20171130	手续费			15.00		3 353 509.55			
	20171130	转账汇款			200 000.00		3 153 509.55		佛山龙腾贸易有限公司	

图 3－3－9　银行对账单

科目	明细科目_币别	日期	凭证字号	摘要	对方科目	业务编号	借方金额	贷方金额	余额方向	余额
银行存款明细账	明细科目：(100201)银行存款－交通	2017/11/01		期初余额					借	2922420.08
银行存款明细账	明细科目：(100201)银行存款－交通	2017/11/05	记-4	存现	库存现金		50000.00		借	2972420.08
银行存款明细账	明细科目：(100201)银行存款－交通	2017/11/08	记-8	支付货款	应付账款－艾斯电器有限公司			15429.00	借	2956991.08
银行存款明细账	明细科目：(100201)银行存款－交通	2017/11/08	记-9	缴纳增值税	应交税费－未交增值税			56000.00	借	2900991.08
银行存款明细账	明细科目：(100201)银行存款－交通	2017/11/08	记-10	缴纳个人所得税	应交税费－应交个人所得税			852.73	借	2900138.35
银行存款明细账	明细科目：(100201)银行存款－交通	2017/11/08	记-11	缴纳地方税费	应交税费－城市维护建设税			6720.00	借	2893418.35
银行存款明细账	明细科目：(100201)银行存款－交通	2017/11/10	记-14	销售汇总	主营业务收入－饮料酒水		145775.46		借	3039193.81
银行存款明细账	明细科目：(100201)银行存款－交通	2017/11/15	记-28	支付工资	应付职工薪酬－短期薪酬(工资)			119385.27	借	2919808.54
银行存款明细账	明细科目：(100201)银行存款－交通	2017/11/15	记-29	缴纳社会保险费	应付职工薪酬－短期薪酬(医疗保险)			54479.00	借	2865329.54
银行存款明细账	明细科目：(100201)银行存款－交通	2017/11/15	记-30	缴纳工会经费	应付职工薪酬－工会经费			3044.00	借	2862285.54
银行存款明细账	明细科目：(100201)银行存款－交通	2017/11/15	记-31	缴纳公积金	应付职工薪酬－短期薪酬(住房公积金)			31400.00	借	2830885.54
银行存款明细账	明细科目：(100201)银行存款－交通	2017/11/18	记-33	取现	库存现金			30000.00	借	2800885.54
银行存款明细账	明细科目：(100201)银行存款－交通	2017/11/20	记-34	销售汇总	主营业务收入－饮料酒水		206255.54		借	3007141.08
银行存款明细账	明细科目：(100201)银行存款－交通	2017/11/25	记-49	存现	库存现金		68092.00		借	3075233.08
银行存款明细账	明细科目：(100201)银行存款－交通	2017/11/30	记-57	销售汇总 (23	主营业务收入－饮料酒水		99884.07		借	3175117.15
银行存款明细账	明细科目：(100201)银行存款－交通	2017/11/30	记-69	水电费	管理费用－水电费			19176.00	借	3155941.15
银行存款明细账	明细科目：(100201)银行存款－交通	2017/11/30	记-70	电话费	管理费用－电话费			2670.00	借	3153271.15
银行存款明细账	明细科目：(100201)银行存款－交通	2017/11/30	记-85	其他货币资金转	其他货币资金－支付宝		599400.00		借	3752671.15
银行存款明细账	明细科目：(100201)银行存款－交通	2017/11/30	记-86	支付货款	应付账款－艾斯电器有限公司			300015.00	借	3452656.15

图 3－3－10　银行存款日记账

　　步骤 1：新建一个流程项目，项目名称为"银企对账机器人"；新建序列，命名为"联接数据表练习"。

　　步骤 2：添加【读取范围】活动，在工作簿路径中输入银行对账单保存路径，工作表名称为："Sheet1"，范围为："A1"，在"属性—选项"中勾选"添加标头"，在"属性—输出"中创建变量"data_银行对账单"。

　　添加【读取范围】活动，在工作簿路径中输入银行存款日记账保存路径，工作表名称为："Sheet1"，范围为："A1"，在"属性—选项"中勾选"添加标头"，在"属性—输出"中创建变量"data_银行存款日记账"，如图 3－3－11 所示。

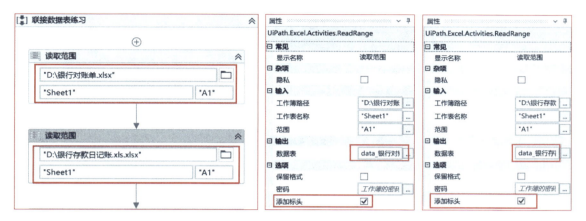

图 3 - 3 - 11　添加【读取范围】活动

步骤 3：添加【联接数据表】活动，在【筛选数据表】活动下面添加【联接数据表】活动，属性设置如图 3 - 3 - 12 所示。在"输入—数据表 1"中输入变量"data_银行对账单"，在"输入—数据表 2"中输入变量"data_银行存款日记账"，在"输出—数据表"中创建 DataTable 类型的变量"对账结果"，在"选项—联接类型"中选择"Full"。

图 3 - 3 - 12 中，在【联接数据表】活动中点击"联接向导"按钮，在弹出的"联接向导"中按图示填写，单击"确定"按钮。

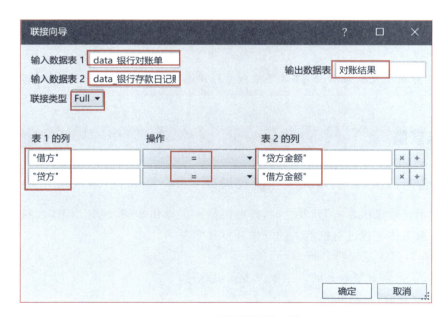

图 3 - 3 - 12　添加【联接数据表】活动

步骤 4：添加【写入范围】活动，在【联接数据表】活动下面添加【写入范围】活动，在属性"目标—工作表名称"中输入："Sheet1"，在属性"目标—起始单元格"中输入："A1"，在属性"输入—工作簿路径"中输入："对账结果.xlsx"，在属性"输入—数据表"中输入变量"对账结果"，勾选"添加标头"，如图 3 - 3 - 13 所示。

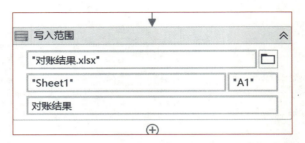

图 3 - 3 - 13　添加【写入范围】活动

步骤 5：运行流程文件，查看运行结果，如图 3 - 3 - 14 所示。

日期	摘要	凭证种类	凭证号码	借方	贷方	余额	对方账号	对账户名	流水号	科目	明细科目	日期_1	凭证字号	摘要_1	对方科目	业务编号	借方金额	贷方金额	余额方向	余额_1
20171101	期初余额					2922420				银行存款明细科目 : 2017/11/01				期初余额					借	2922420
20171105	现金存入				50000	2972420												50000	借	2972420
20171108	转账汇款			15429		2956991				银行存款明细科目 : 2017/11/0 记-8		支付货款	应付账款 - 艾斯电器有限公司			15429		借	2956991
20171108	扣缴纳增值税			56000		2900991				银行存款明细科目 : 2017/11/0 记-9		缴纳增值税	应交税费 - 未交增值税			56000		借	2900991
20171108	扣缴纳个人所得税			852.73		2900138				银行存款明细科目 : 2017/11/0 记-10		缴纳个人所	应交税费 - 应交个人所得税			852.73		借	2900138
20171108	扣缴纳地方税费			6720		2893418				银行存款明细科目 : 2017/11/0 记-11		缴纳地方税	应交税费 - 城市维护建设税			6720		借	2893418
20171110	汇款入账				145775.5	3039194												145775.5	借	3039194
20171115	支付工资			119385.3		2919809				银行存款明细科目 : 2017/11/1 记-28		支付工资	应付职工薪酬 - 短期薪酬(工资)			119385.3		借	2919809
20171115	扣缴纳社会保险费			54479		2865330				银行存款明细科目 : 2017/11/1 记-29		缴纳社会	应付职工薪酬 - 短期薪酬 (医疗)			54479		借	2865330
20171115	扣缴纳工会经费			3044		2862286				银行存款明细科目 : 2017/11/1 记-30		缴纳工会经	应付职工薪酬 - 工会经费			3044		借	2862286
20171115	扣缴纳公积金			31400		2830886				银行存款明细科目 : 2017/11/1 记-31		缴纳公积金	应付职工薪酬 - 短期薪酬 (住房)			31400		借	2830886
20171120	取现			30000		2800886				银行存款明细科目 : 2017/11/1 记-33		取现	库存现金			30000		借	2800886
20171120	汇款入账				206255.5	3007141												206255.5	借	3007141
20171105	现金存入				68092	3674633				银行存款明细科目 : 2017/11/0 记-40		存现	库存现金			68092		借	3075233
20171130	水电费			19176		3655457				银行存款明细科目 : 2017/11/3 记-69		水电费	管理费用 - 水电费			19176		借	3155941
20171130	电话费			2670		3652787				银行存款明细科目 : 2017/11/3 记-70		电话费	管理费用 - 电话费			2670		借	3153271
20171121	转入				599400	3602541												599400	借	3752671
20171130	转账汇款			300000		3352787		艾斯电器有限公司													
20171130	利息				737.47	3353525															
20171130	手续费			15		3353510															
20171130	转账汇款			200000		3153510		佛山龙腾贸易有限公司													
										银行存款明细科目 : 2017/11/3 记-57		销售汇总	主营业务收入 - 饮料	99884.07				借	3175117	
										银行存款明细科目 : 2017/11/3 记-86		支付货款	应付账款 - 艾斯电器有限公司			300015		借	3452656	

图 3 - 3 - 14　运行结果

【任务实训】

尝试运用联接数据表活动，仅保留银行对账单与银行存款日记账中金额相等的信息。

 任务实施

一、银企对账 RPA 机器人工作流程设计

在进行"银企对账机器人"开发之前，需要根据人工操作步骤，设计出 RPA 机器人的工作流程，之后根据工作流程进行机器人的具体开发和实现。

（一）银企对账人工流程分析

张芳分析了银企对账业务的人工操作步骤，总结如下：

（1）打开财务软件。

（2）导出银行存款日记账。

（3）打开企业网上银行系统。

（4）导出对应银行对账单。

（5）将银行存款日记账与银行对账单相互核对。

（6）将银行存款日记账与银行对账单未匹配的金额标上颜色。

（7）打开银行存款余额调节表，填入期初余额、未达账项调整金额、期末金额等。

（二）银企对账 RPA 机器人流程分析(图3-3-15)

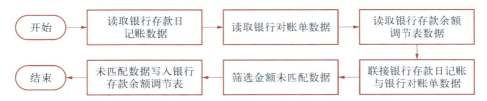

图3-3-15　银企对账 RPA 机器人流程分析

登录平台、下载数据资料的步骤,之前案例中都有介绍和实践,所以本任务着重解决对账和编制余额调节表。

二、银企对账 RPA 机器人的开发与实现

经过 RPA 机器人工作流程分析,RPA 机器人就可以进行实际开发了,具体开发步骤如下:

步骤1:新建项目流程,命名为"银企对账机器人"。

步骤2:添加序列,命名为"银企对账机器人",在该序列中新建序列"银企对账"。

步骤3:在"银企对账"序列中添加【消息框】活动、【选择文件】活动。

（1）添加【消息框】活动,输入："请选择银行对账单.xlsx"。添加【选择文件】,创建变量"file_银行对账单"。

（2）添加【消息框】活动,输入："请选择银行存款日记账.xlsx"。添加【选择文件】活动,创建变量"file_日记账"。

（3）添加【消息框】活动,输入："请选择银行余额调节表.xlsx"。添加【选择文件】活动,创建变量"file_余额调节表",如图3-3-16、图3-3-17所示。

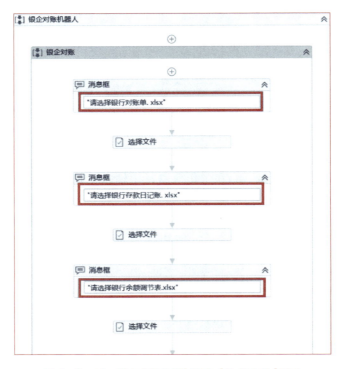

图3-3-16　添加【消息框】活动、【选择文件】活动

UiPath.Core.Activities.SelectFile		UiPath.Core.Activities.SelectFile	
□ **常见**		□ **常见**	
显示名称	选择文件	显示名称	选择文件
□ **杂项**		□ **杂项**	
隐私	☐	隐私	☐
□ **输入**		□ **输入**	
筛选	All files (*.*)|*.*	筛选	All files (*.*)|*.*
□ **输出**		□ **输出**	
选择的文件	file_银行对账单 ...	选择的文件	file_日记账 ...

图 3-3-17 添加【选择文件】活动

步骤 4：添加【读取范围】活动，在工作簿路径中输入变量：file_银行对账单，工作表名称为："Sheet1"，范围为："A1"，在"属性—选项"中勾选"添加标头"，在"属性—输出"中创建变量"data_银行对账单"，并修改变量的范围为"银企对账机器人"，如图 3-3-18 所示。

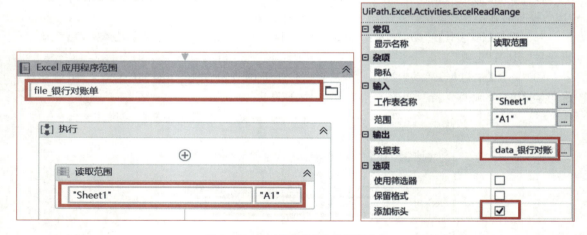

图 3-3-18 添加【读取范围】活动

步骤 5：添加【读取单元格】活动，在工作簿路径中输入变量"file_银行对账单"，工作表名称为："Sheet1"，在属性"输入—单元格"中输入："G"＋(data_银行对账单.Rows.Count＋1).ToString，在属性"输出—结果"中创建类型为 Double 的变量"银行对账单余额"，并修改变量的范围为"银企对账机器人"，如图 3-3-19 所示。

【温馨提示】
  "输入—单元格"中表达式解释：银行对账单余额应该读取银行对账单最后一行的数据，所以首先用"data_银行对账单.Rows.Count"统计出银行对账单数据的行数，再加上标头行，得到总行数。得到的总行数是"Double"类型的，要转换成"String"类型才能与"G"组合。故最终的表达式为："G"＋(data_银行对账单.Rows.Count＋1).ToString。

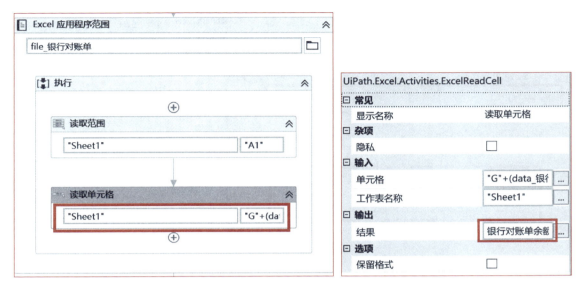

图 3-3-19　添加【读取单元格】活动

步骤 6：添加【筛选数据表】活动，属性设置如图 3-3-20 所示。在"输入—数据表"和"输出—数据表"中都输入变量：data_银行对账单。在【筛选数据表】活动中点击"配置筛选器"按钮，在弹出的"筛选器向导"中点击"筛选行"，选择"删除"，在列中输入："摘要"，操作选择"＝"，值中输入："期初余额"，单击确定，如图 3-3-20 所示。

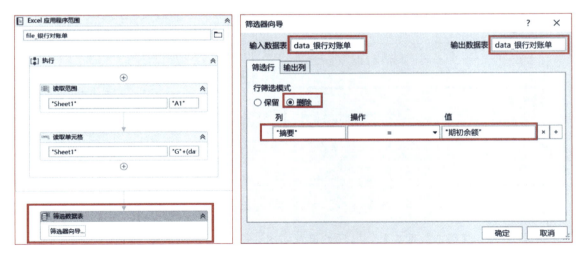

图 3-3-20　添加【筛选数据表】活动

步骤 7：添加【读取范围】活动，在工作簿路径中输入变量：file_日记账，工作表名称为："Sheet1"，范围为："A1"，在"属性—选项"中勾选"添加标头"，在"属性—输出"中创建变量：data_日记账，并修改变量的范围为"银企对账机器人"，如图 3-3-21 所示。

步骤 8：添加【读取单元格】活动，在工作簿路径中输入变量：file_日记账，工作表名称为："Sheet1"，在属性"输入—单元格"中输入："K"＋(data_银行对账单.Rows.Count＋1).

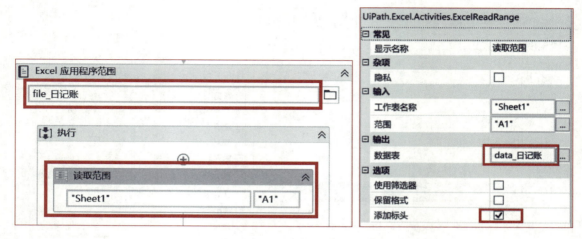

图 3 - 3 - 21　添加【读取范围】活动

ToString，在属性"输出—结果"中创建类型为 Double 的变量"日记账余额"，并修改变量的范围为"银企对账机器人"，如图 3 - 3 - 22 所示。

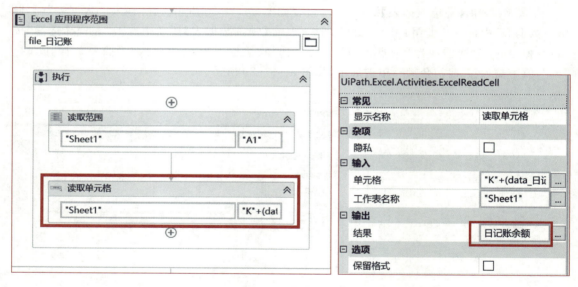

图 3 - 3 - 22　添加【读取单元格】活动

步骤 9：添加【筛选数据表】活动，属性设置如图 3 - 3 - 23 所示。在"输入—数据表"和"输出—数据表"中都输入变量"data_日记账"。在【筛选数据表】活动中点击"配置筛选器"按钮，在弹出的"筛选器向导"中点击"筛选行"，选择"删除"，在列中输入："摘要"，操作选择"＝"，值中输入："期初余额"，单击"确定"。

步骤 10：在【筛选数据表】活动下面添加【联接数据表】活动，属性设置如图 3 - 3 - 24 所示。在"输入—数据表 1"中输入变量"data_银行对账单"，在"输入—数据表 2"中输入变量"data_银行日记账"，在"输出—数据表"中创建 DataTable 类型的变量"对账结果"，并修改变量范围为"银企对账机器人"，在"选项—联接类型"中选择"Ful1"。

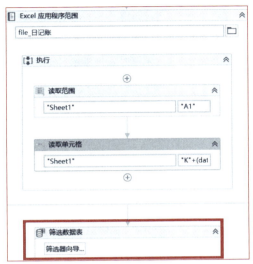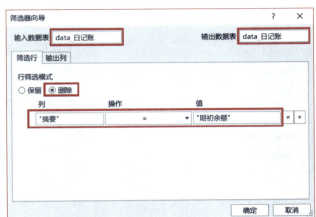

图 3-3-23　添加【筛选数据表】活动

在【联接数据表】活动中点击"联接向导"按钮,在弹出的"联接向导"中按图示填写,点击"确定"按钮,如图 3-3-24 所示。

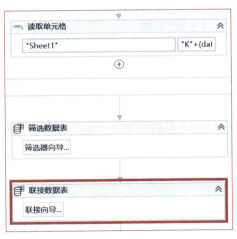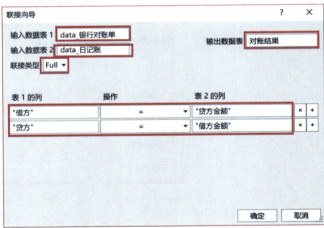

图 3-3-24　添加【联接数据表】活动

步骤 11:在【联接数据表】活动下面添加【筛选数据表】活动,属性设置如 3-3-25 图所示。在"输入—数据表"中输入:对账结果,在"输出—数据表"中创建 DataTable 类型的变量"未达账项",并修改变量范围为"银企对账机器人"。

图 3-3-25 中,在【筛选数据表】活动中点击"配置筛选器"按钮,在弹出的"筛选器向导"中点击"筛选行",选择"保留",在列中输入:"摘要",操作选择"Is Empty",点击"＋",会增加一行,点增加行的行首"And",使其变成"Or",在列中输入:"摘要_1",操作选择"Is Empty",单击"确定"按钮。

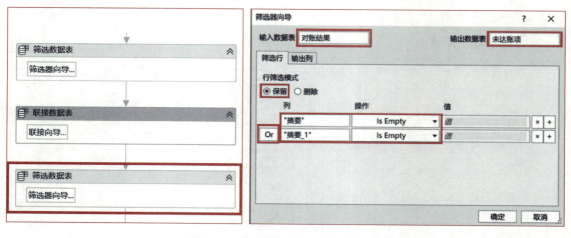

图 3-3-25　添加【筛选数据表】活动

　　步骤 12：在【筛选数据表】活动下面添加【写入范围】活动，在属性"目标—工作表名称"中输入："Sheet1"，在属性"目标—起始单元格"中输入："A1"，在属性"输入—工作簿路径"中输入："未达账项.xlsx"，在属性"输入—数据表"中输入变量：未达账项，勾选"添加标头"。如图 3-3-26 所示。

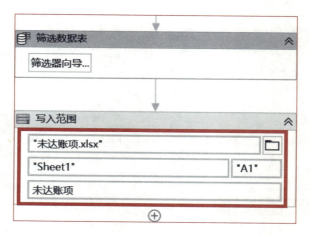

图 3-3-26　添加【写入范围】活动

　　步骤 13：添加【写入单元格】活动，在序列"银企对账"的下方，添加【序列】活动，修改名称为"编制余额调节表"。在序列"填写余额调节表"中添加 2 个【写入单元格】活动，在工作簿路径中输入变量"file_余额调节表"，在属性"目标—工作表名称"中输入："Sheet1"，在属性"目标—范围"中依次输入："C2"，"F2"，在属性"输入—值"中依次输入：银行日记账余额.ToString，银行对账单余额.ToString，如图 3-3-27 所示。

　　步骤 14：添加【筛选数据表】活动。在【写入单元格】活动下面，添加【序列】活动，重命名为"银行已收—企业未收"在序列"银行已收—企业未收"中添加【筛选数据表】活动，在属性"输入—数据表"中输入变量"未达账项"，在"输出—数据表"中创建 DataTable 类型的变量"银行已收企业未收"，并修改变量范围为"银企对账机器人"。

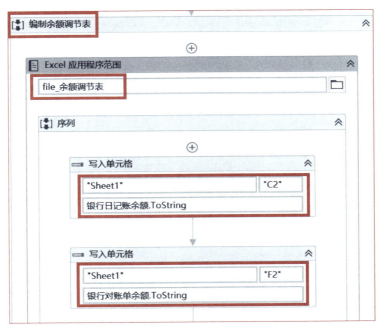

图 3 - 3 - 27　添加【写入单元格】活动

在【筛选数据表】活动中点击"配置筛选器"按钮,在弹出的"筛选器向导"中点击"筛选行",选择"保留",在列中输入:"贷方",操作选择"Is Not Empty",点击"输出列",选择"保留",在列中分别输入:"日期","贷方",单击"确定",如图 3 - 3 - 28 所示。

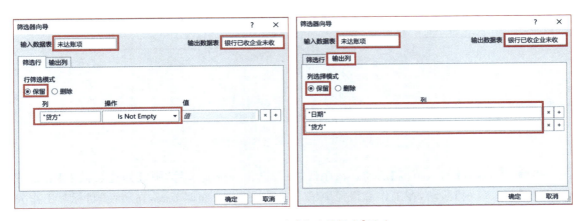

图 3 - 3 - 28　添加【筛选数据表】活动

步骤 15:添加【写入范围】活动。在序列"银行已收—企业未收"中,【筛选数据表】活动下面,添加【写入范围】活动,在工作簿路径中输入变量:file_余额调节表,在属性"目标—工作表名称"中输入:"Sheet1",在属性"目标—起始单元格"中输入:"B4",在属性"输入—数据表"中输入变量"银行已收企业未收",如图 3 - 3 - 29 所示。

步骤 16:添加【筛选数据表】活动。在序列"银行已收—企业未收"下面,添加【序列】活动,重命名为"银行已付—企业未付"。在序列"银行已付—企业未付"中添加【筛选数据表】活动,在属性"输入—数据表"中输入变量:未达账项,在属性"输出—数据表"中创建 DataTable 类

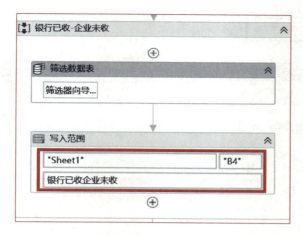

图 3 - 3 - 29　添加【写入范围】活动

型的变量：银行已付企业未付，并修改变量范围为"银企对账机器人"。

在【筛选数据表】活动中点击"配置筛选器"按钮，在弹出的"筛选器向导"点击"筛选行"，选择"保留"，在列中输入："借方"，操作选择"Is Not Empty"，点击"输出列"，选择"保留"，在列中分别输入："日期""借方"，单击"确定"按钮，如图 3 - 3 - 30 所示。

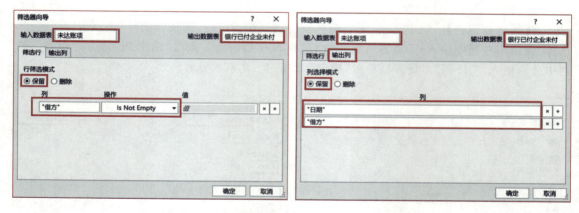

图 3 - 3 - 30　添加【筛选数据表】活动

步骤17：添加【写入范围】活动。在序列"银行已付—企业未付"中，【筛选数据表】活动下面，添加【写入范围】活动，在工作簿路径中输入变量：file_余额调节表，在属性"目标—工作表名称"中输入："Sheet1"，在属性"目标—起始单元格"中输入："B15"，在属性"输入—数据表"中输入变量：银行已付企业未付。

步骤18：添加【筛选数据表】活动。在序列"银行已付—企业未付"下面，添加【序列】活动，重命名为"企业已收—银行未收"。在序列"企业已收—银行未收"中添加【筛选数据表】活动，在属性"输入—数据表"中输入变量"未达账项"，在属性"输出—数据表"中创建 DataTable 类型的变量"企业已收银行未收"，并修改变量的范围为"银企对账机器人"。

在【筛选数据表】活动中点击"配置筛选器"按钮，在弹出的"筛选器向导"点击"筛选行"，选择"保留"，在列中输入："借方金额"，操作选择"Is Not Empty"，点击"输出列"，选择"保留"，在列中分别输入："日期_1""借方金额"，单击"确定"按钮，如图 3 - 3 - 32 所示。

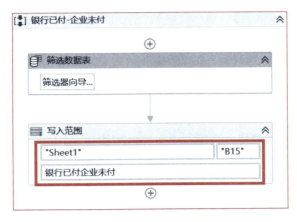

图 3 - 3 - 31 添加【写入范围】活动

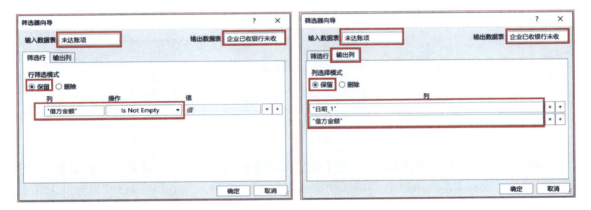

图 3 - 3 - 32 添加【筛选数据表】活动

步骤 19：添加【写入范围】活动。在序列"企业已收—银行未收"中,【筛选数据表】活动下面,添加【写入范围】活动,在工作簿路径中输入变量：file_余额调节表,在属性"目标—工作表名称"中输入："Sheet1",在属性"目标—起始单元格"中输入："E4",在属性"输入—数据表"中输入变量"企业已收银行未收",如图 3 - 3 - 33 所示。

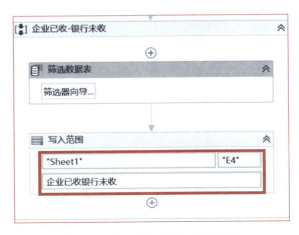

图 3 - 3 - 33 添加【写入范围】活动

步骤20：添加【筛选数据表】活动。在序列"企业已收—银行未收"下面，添加【序列】活动，重命名为"企业已付—银行未付"。在序列"企业已付—银行未付"中添加【筛选数据表】活动，在属性"输入—数据表"中输入变量"未达账项"，在属性"输出—数据表"中创建 DataTable 类型的变量"企业已付银行未付"，并修改变量范围为"银企对账机器人"。

在【筛选数据表】活动中点击"配置筛选器"按钮，在弹出的"筛选器向导"点击"筛选行"，选择"保留"，在列中输入："贷方金额"，操作选择"Is Not Empty"，点击"输出列"，选择"保留"，在列中分别输入："日期_1"，"贷方金额"，单击"确定"按钮，如图 3-3-34 所示。

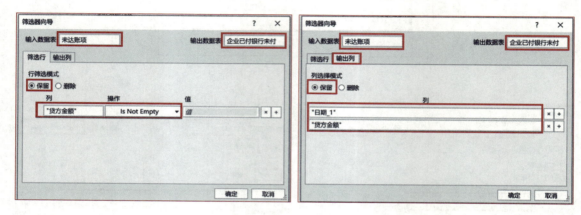

图 3-3-34 添加【筛选数据表】活动

步骤21：添加【写入范围】活动。在序列"企业已付—银行未付"中，【筛选数据表】活动下面，添加【写入范围】活动，在工作簿路径中输入变量"file_余额调节表"，在属性"目标—工作表名称"中输入："Sheet1"，在属性"目标—起始单元格"中输入："E15"，在属性"输入—数据表"中输入变量"企业已付银行未付"，如图 3-3-35 所示。

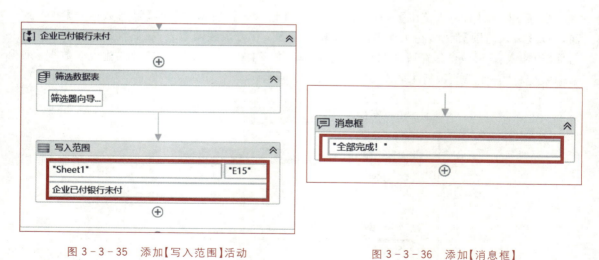

图 3-3-35 添加【写入范围】活动　　　　　　　　图 3-3-36 添加【消息框】

步骤22：添加【消息框】活动，输入："全部完成！"，如图 3-3-36 所示。

至此，"银企对账机器人"开发完成，可以点击菜单栏中的"调试文件"按钮进行测试。点击按钮后，程序开始运行，运行速度与计算机的配置有关，直到弹出显示完成的对话框，表示程序调试完毕。此时打开余额调节表文件,可以看到自动对账结果已经保存到了文件中,如图 3-3-37 所示。

摘要	日期	金额(元)	摘要	日期	金额(元)
银行存款日记账余额		3 452 656.15	银行对账单余额		3 153 509.55
加:银行已收,企业未收			加:企业已收,银行未收		
	20171130	737.47		2017/11/30	99 884.07
减:银行已付,企业未付			减:企业已付,银行未付		
	20171130	300 000.00		2017/11/30	300 015.00
	20171130	15.00			
	20171130	200 000.00			
调节后余额		2 953 378.62	调节后余额		2 953 378.62

图 3-3-37　自动对账结果

【知识链接】

银企对账的重要性

从企业的角度来看,银企对账可以保证企业资金安全性,规范企业会计核算。通过银企对账,企业可以对发生的业务逐项核对,不仅可以核对余额还可以核对发生的明细,及时发现和防止贪污和挪用公款以及账户被非法使用等违规违法行为的发生,确保企业资金安全使用;通过银企对账,可以增强企业会计核算的准确性,加强资金的使用与管理,尤其对未达账项的管理,能有效地防止各种坏账发生,防范商务活动中的不法行为,保障企业财务运作的安全进行,提高资金营运效益。

从银行的角度来看,面对面的银企对账既是防范风险的重要环节,也是了解客观开展营销的重要手段。面对面的银企对账,有助于银行随时掌握企业的资金运行情况,及时发现金融风险,以及反洗钱等金融风险管理工作的深入开展,确保银行资金的安全。因此,从这个角度上说,银企对账绝不是简单要回一个企业加盖核对无误的回执,而规避银行操作风险、防范案件发生的关键环节和重要举措,有助于银行提高自身内控管理。通过银企对账中的面对面对账,可以更多地挖掘客户的业务信息,包括业务需求、存款增长点、业务扩张等,更好地掌握客户资金结构、状况以及运行特点,更加真实地沟通客户经营活动的多方位信息,有利于银行吸收新的客户资源,拓展新的业务。

【银企对账机器人操作大纲】

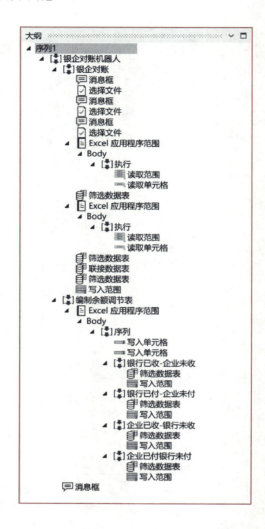

任务四 开发发票开具机器人

🡒 **知识学习目标**

- 掌握 UiPath 浏览器扩展程序的安装及使用。
- 掌握【读取范围】活动、【对于每一个行】活动、【构建数据表】活动的作用及使用方法。
- 掌握对业务场景的人工流程分析与人工流程图的编制。
- 掌握根据人工流程,设计 RPA 的流程步骤。

🡒 **技能训练目标**

- 能根据特定的业务场景,准确地梳理人工流程。
- 能独立完成发票开具机器人的需求整理分析。

- 能根据人工流程设计熟练绘制发票开具机器人的流程图。
- 能独立完成发票开具机器人的程序设计、开发及测试。

 素质教育目标

- 通过发票开具机器人数据对应逻辑关系的学习,培养思维逻辑能力。
- 通过发票开具机器人流程设计中"编辑选取器"属性修改的学习,培养勤于思考的习惯。
- 能够通过任务情景的学习,树立诚信履行社会责任、遵守会计职业道德的意识。

 任务描述

作为一项常见的财务环节,发票处理几乎是每个财务人的基本功。然而,这一"拿手本领"也给财务人员带来了大量的烦恼。

在北京市格莱美电器制造有限公司的财务部办公室里。

主管诸莞:"张芳,某会计师事务所偷税 2 000 多万元,补税加罚款 4 000 多万元,责任人被判刑五年,你听说了吗?"

会计张芳:"我知道的,这家会计师事务所还是一家排名靠前的服务机构。"

诸莞:"税务局发现这家会计师事务所在三年的时间内在没有任何真实业务的支撑下,使用自己安排的四家公司和六家个体经营户的名义,为自己虚开 500 多份增值税专用发票。"

张芳:"作为一个专业的会计师事务所,通过虚开发票的策略来偷税漏税,知法犯法。"

诸莞:"虚开发票逃税是因小利而失大局的选择,缴税是公司的法定义务,更是公司能够获得长久发展的'权利'。只有认真对待权利,诚信履行社会责任,公司才能在安全的轨道上健康运行。"

张芳:"作为专业的会计人员,违反会计职业道德,也是需要承担法律责任的。说起发票我就头疼,今晚又得加班了!"

诸莞看着眼圈已泛黑的张芳,说道:"明天你去学习编制财务机器人吧,不然这么多的开票申请,一份一份地查询、打印、核对、分联、盖章,这得干到何时啊!我听说现在一些集团公司引进开票机器人后,30 分钟就能搞定一天的开票工作,每天都可以准时下班呢!"

张芳咬牙道:"这样的工作效率我得去观摩学习一下。"

第二天张芳来到 RPA 机器人产品开发企业,咨询确定了增值税发票开具开发机器人的可行性和必要性,通过系统的学习后准备自己动手,试着研发一个"发票开具机器人"。

 知识准备

为浏览器添加 UiPath 扩展程序的准备工作同前面任务。

实现数据读取,主要用到【读取范围】活动、【分配】活动、【对于每一个行】活动、【IF 条件】活动、【遍历循环】活动、【构建数据表】活动、【设置文本】等,【分配】活动在项目二中任务三中已有介绍,【读取范围】活动、【对于每一个行】活动、【IF 条件】活动、【设置文本】活动在项目三任务一中已有介绍。

任务实施

一、发票开具 RPA 机器人工作流程设计

张芳在进行"发票开具 RPA 机器人"开发之前,需要根据人工操作步骤,设计出 RPA 机器人的工作流程,之后根据工作流程进行机器人的具体开发和实现。

（一）发票开具人工流程分析

张芳在分析了发票开具系统的登录,开票申请文件中数据的提取,发票内容的填写及打印等人工操作步骤后,总结如下:

(1) 登录开票软件系统。

(2) 打开开票申请表文件,查阅开票信息。

(3) 点击选择发票的类型、点击确定进入开票界面。

(4) 搜索客户名称,双击"选择"。

(5) 根据行数判断是否需要开具清单。

(6) 输入开票信息。

(7) 输入完毕,单击打印。

(8) 重复(3)、(4)、(5)、(6)、(7)的步骤。

（二）发票开具 RPA 机器人流程分析(图 3 - 4 - 1)

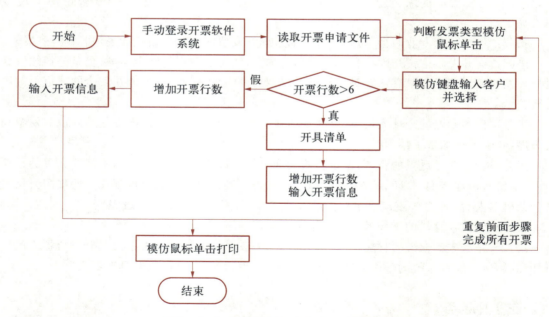

图 3 - 4 - 1 发票开具 RPA 机器人流程分析

二、发票开具 RPA 机器人的开发与实现

经过 RPA 机器人工作流程分析,RPA 机器人就可以进行实际开发了,具体开发步骤如下:

步骤 1:新建项目,命名为"财务机器人",如图 3 - 4 - 2 所示。

图 3-4-2　新建"财务机器人"项目

步骤 2：新建一个序列，命名为"发票开具机器人"，如图 3-4-3 所示。

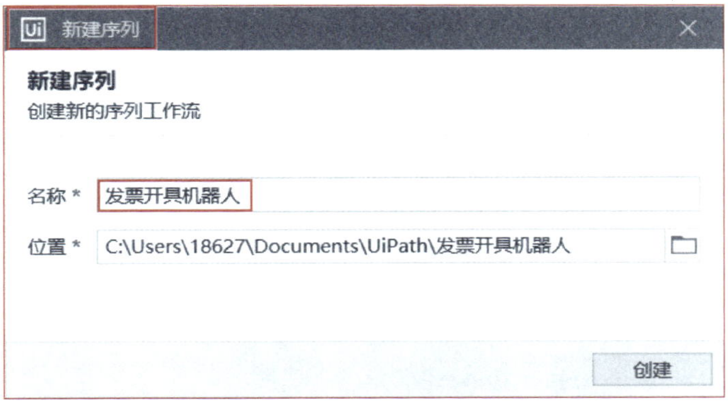

图 3-4-3　新建"发票开具机器人"序列

步骤 3：使用谷歌浏览器登录"http://jspt－rpa.netinnet.cn/robotApi/studentLogin? systemType＝kp&info＝338dXNlckNvZGU9ZG91bGox906&schoolCode＝XSYS"网址，如图 3-4-4 所示。打开相应类型发票，如图 3-4-5 所示。

步骤 4：添加【消息框】活动，输入："请选择开票申请明细表！"，用来提示用户选择开票申请文件，如图 3-4-6 所示。

步骤 5：添加【选择文件】活动，在属性面板中，"输出—选择的文件"处，单击鼠标右键创建变量"file_开票申请"，如图 3-4-7 所示。

步骤 6：添加【读取范围】活动，工作簿路径中输入变量：file_开票申请，工作表为："Sheet1"，范围为："A1"，在属性面板"输出—数据表"处，单击鼠标右键创建变量"data_开票申请"，勾选"添加标头"，如图 3-4-8 所示。

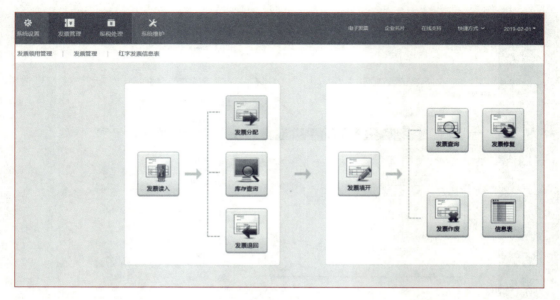

图 3-4-4 进入发票开票系统

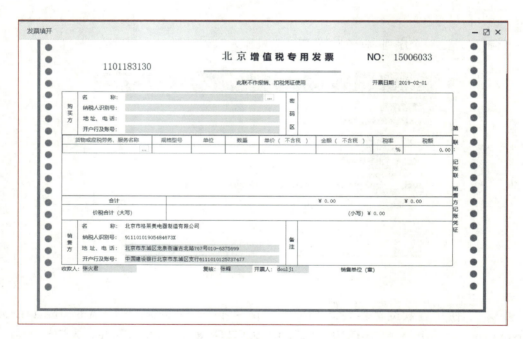

图 3-4-5 打开相应类型发票

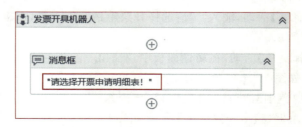

图 3-4-6 添加【消息框】活动

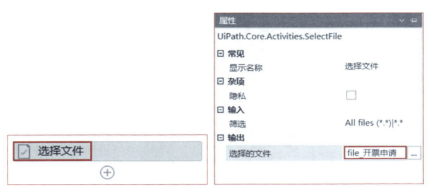

图 3-4-7　添加【选择文件】活动

图 3-4-8　添加【读取范围】活动

【温馨提示】
　　此处为工作簿下的"读取范围"活动。

　　步骤 7：添加【分配】活动，初始化一个字典变量。在"＝"左边单击鼠标右键创建变量"dic"，在"＝"右边输入表达式"New Dictionary(of String，DataTable)"，如图 3-4-9 所示。

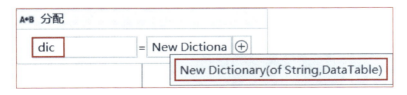

图 3-4-9　添加【分配】活动

　　点击"变量"，变量 dic 的变量类型选择"浏览类型"，如图 3-4-10 所示。在"类型名称"处输入"Dictionary"，并在下方选择"mscorlib[4.0.0.0]"下面的"Dictionary＜TKey，TValue＞"，如图 3-4-11 所示。Key 的类型选择"String"，Value 的类型选择"System.Data.DataTable"，如图 3-4-12 所示。

名称	变量类型	范围	默认值
file_开票申请	String	发票开具机器人	输入 VB 表达式
data_开票申请	DataTable	发票开具机器人	输入 VB 表达式
dic	String	发票开具机器人	输入 VB 表达式
创建变量			

Boolean
Int32
String
Object
System.Data.DataTable
System.Collections.Generic.Dictionary<System.String, System.Data.DataTable>
Array of [T]
浏览类型...

变量　参数　导入

图 3 - 4 - 10　修改变量类型

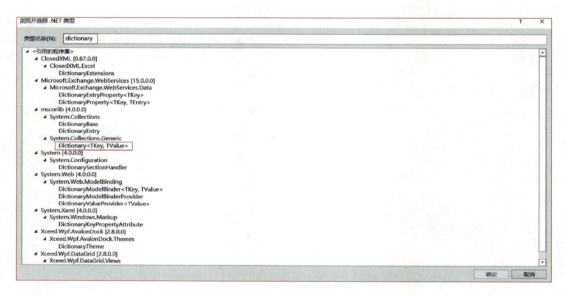

图 3 - 4 - 11　选择"类型名称"

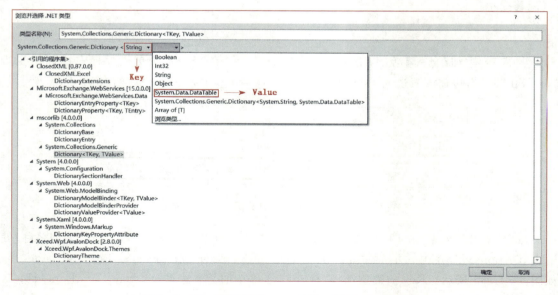

图 3 - 4 - 12　确定 Dictionary<TKey, TValue>的类型

步骤8：添加【对于每一个行】活动，在活动界面的"输入"中输入变量"data_开票申请"，如图3-4-13所示。将开票信息的内容添加到字典当中，Key的类型选择出库单号码，Value的类型选择该出库单号码对应的开票信息（DataTable）。

图3-4-13　添加【对于每一个行】活动

步骤9：添加【IF条件】活动，在【对于每一个行】活动的"正文"中，添加【IF条件】活动。在条件中输入表达式：dic.ContainsKey(row(0).ToString)，如图3-4-14所示。

图3-4-14　在【对于每一个行】活动中添加【IF条件】活动

【IF条件】活动的判断为：当前值（出库单号码）是否已经包含在字典Key中。

若结果为是，则：表明字典中已经有键值对（Key和Value）。只需要将新的数据内容（当前数据行的内容）添加到Value中。

若结果为否，则：首先新建数据表（Value），再将新数据表（Value）关联到"Key"，最后向新数据表（Value）中添加数据内容（当前数据行的内容）。

步骤10：添加【构建数据表】活动。在【IF条件】活动的"Else"中，添加【构建数据表】活动，如图3-4-15所示。

图3-4-15　添加【构建数据表】活动

点击"数据表"创建需要的数据表标题,点击左侧"＋"按钮新增列,列名称按"开票申请单.xlsx"的项目名称填写,类型全部为"String",空行只留一行,多余的请删除,并点击"确定"按钮,如图3-4-16所示。

图3-4-16　创建数据表标题

在属性"输出—数据表"处,点击鼠标右键创建变量"data_字典 value",修改"构建数据表"属性,如图3-4-17所示。

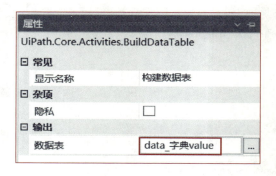

图3-4-17　修改"构建数据表"属性

修改变量"data_字典 value"的范围为"发票开具机器人",如图3-4-18所示。

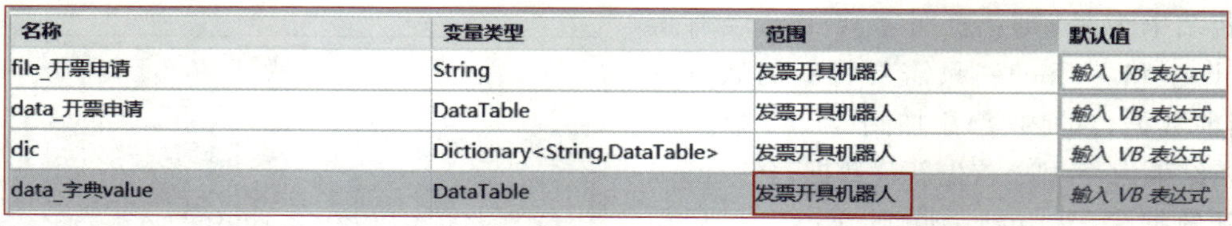

名称	变量类型	范围	默认值
file_开票申请	String	发票开具机器人	输入 VB 表达式
data_开票申请	DataTable	发票开具机器人	输入 VB 表达式
dic	Dictionary<String,DataTable>	发票开具机器人	输入 VB 表达式
data_字典value	DataTable	发票开具机器人	输入 VB 表达式

图3-4-18　修改变量"data_字典 value"范围

步骤11:添加【分配】活动,在【IF 条件】活动的"Else"中,【构建数据表】活动的下方,添加【分配】活动。在"＝"左边输入表达式"dic(row(0).ToString)","＝"右边输入表达式"data_字典 value",如图3-4-19所示。其目的是添加字典元素,关联的 Key 与 Value。

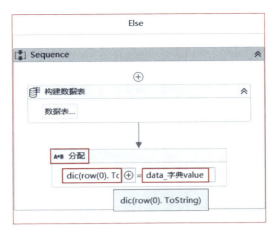

图 3-4-19 添加【分配】活动

步骤 12：添加【添加数据行】活动，在【IF 条件】活动的"Else"中，【分配】活动的下方，添加
【添加数据行】活动。在属性"输入—数据表"处输入表达式"data_字典 value"；"输入—数组
行"处输入表达式"row.ItemArray"，如图 3-4-20 所示。

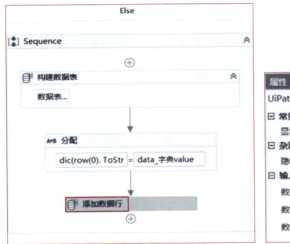

图 3-4-20 添加【添加数据行】活动

【温馨提示】

dic(row(0).ToString)，表示字典中 Key 所对应的数据表；row.ItemArray，表示获取
当前数据行的所有内容为一个集合。

步骤 13：添加【添加数据行】活动，在【IF 条件】活动的"Then"中，添加【添加数据行】活动。
在属性"输入—数据表"处输入表达式"data_字典 value"；"输入—数组行"处输入表达式"row.
ItemArray"，如图 3-4-21 所示。

步骤 14：添加【遍历循环】活动，在【对于每一个行】活动的下方，添加【遍历循环】活动。输
入表达式"dic.keys"，将自动生成的变量"Item"修改为"key"；在属性"杂项—TypeArgument"
处，将其修改为"String"，如图 3-4-22 所示。

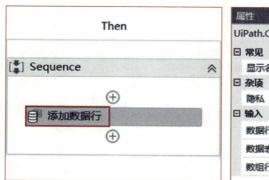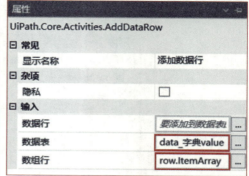

图 3 − 4 − 21　添加【数据行】活动

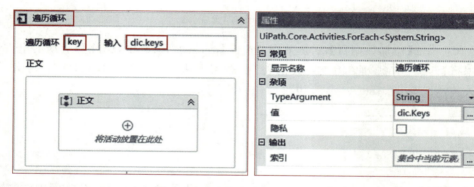

图 3 − 4 − 22　添加【遍历循环】活动

【温馨提示】

"遍历循环"字典里的"Key",获取字典中"Key"的集合"dic.Keys",逐个访问每一个"Key",根据"Key"所对应的"Value"中的信息,开具发票或清单。

步骤 15:添加【分配】活动,在【遍历循环】活动的"正文"中,添加【分配】活动。在"="左边单击鼠标右键创建变量"发票类型";"="右边输入表达式"dic(key).Rows(0)(1).ToString",如图 3 − 4 − 23 所示。

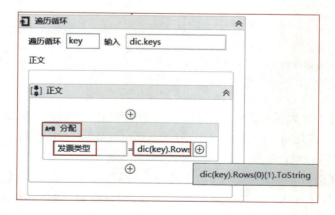

图 3 − 4 − 23　创建变量"发票类型"

修改变量"发票类型"范围为"发票开具机器人",如图 3-4-24 所示。

名称	变量类型	范围	默认值
file_开票申请	String	发票开具机器人	输入 VB 表达式
data_开票申请	DataTable	发票开具机器人	输入 VB 表达式
dic	Dictionary<String,Data	发票开具机器人	输入 VB 表达式
data_字典value	DataTable	发票开具机器人	输入 VB 表达式
发票类型	String	发票开具机器人	输入 VB 表达式

图 3-4-24　修改变量"发票类型"的范围

【温馨提示】
　　dic(key).Rows(0)(1).ToString,表示当前 Key 所代表的数据表中第 1 行第 2 列的值。

步骤 16:打开开票软件系统。添加【单击】活动。在【遍历循环】活动的"正文"中,【分配】活动的下方,添加【单击】活动。点击"指明在屏幕上",指定"发票填开"位置并单击,如图 3-4-25 所示。

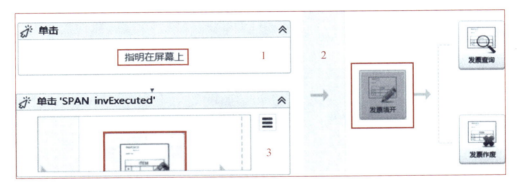

图 3-4-25　单击"发票填开"位置

步骤 17:添加【IF 条件】活动,在【遍历循环】活动的"正文"中,【单击】活动的下方,添加【IF 条件】活动。在条件中输入表达式:发票类型="增值税专用发票",如图 3-4-26 所示。

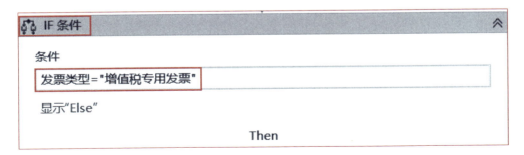

图 3-4-26　判断发票类型

步骤 18:打开开票软件系统,点开"发票填开"。添加【单击】活动,在【IF 条件】活动的"Then"中,添加【单击】活动。单击"指明在屏幕上",指定"增值税专用发票"位置并单击,如图 3-4-27 所示。

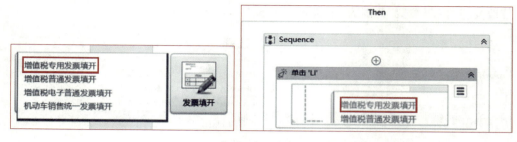

图 3-4-27 单击"增值税专用发票"位置

步骤19：添加【IF条件】活动，在【IF条件】的"Else"中，添加【IF条件】活动。在条件中输入表达式：发票类型="增值税普通发票"；在"Then"中，添加【单击】活动，指定"增值税普通发票"位置并单击；在"Else"中，添加【单击】活动，指定"增值税电子普通发票"位置并点击。如图3-4-28所示。

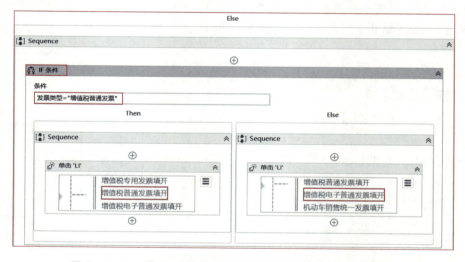

图 3-4-28 单击"增值税普通发票"和"增值税电子普通发票"

步骤20：打开开票软件系统，点击"发票填开"，点击"增值税专用发票"。添加【单击】活动，在【遍历循环】活动的"正文"中，【IF条件】活动的下方，添加【单击】活动。点击"指明在屏幕上"，指定"确定"位置并点击，如图3-4-29所示。

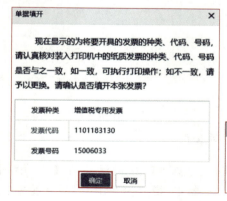

图 3-4-29 添加"确定"位置

打开【单击】活动的"编辑选取器"属性，如图 3 - 4 - 30 所示。

图 3 - 4 - 30　打开"编辑选取器"属性

将其编辑属性中"parentid"属性末尾处的"100006"修改为"＊"，如图 3 - 4 - 31 所示。

图 3 - 4 - 31　修改编辑属性

步骤 21：打开开票软件系统，点击"发票填开"，点击"增值税专用发票"，点击"确定"。添加【单击】活动，在【遍历循环】活动的"正文"中，【单击】活动的下方，添加【单击】活动。单击"指明在屏幕上"，指定"┆ ... ┆"位置并单击，如图 3 - 4 - 32 所示。

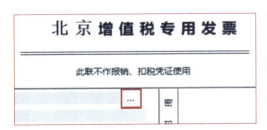
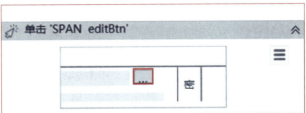

图 3 - 4 - 32　添加【单击】活动

打开【单击】活动的"编辑选取器"属性，将其编辑属性中"src"属性末尾处的"zzszyfp ＊"修改为"＊"，如图 3 - 4 - 33 所示。

步骤 22：打开开票软件系统，点击"发票填开"，点击"增值税专用发票"，点击"确定"，点击购买方名称中"┆ ... ┆"位置，输入购方名称。

图 3 - 4 - 33　修改编辑属性

　　添加【设置文本】活动,在【遍历循环】活动的"正文"中,【单击】活动的下方,添加【设置文本】活动。单击"指明在屏幕上",指定"请输入关键字"位置并单击;输入表达式"dic(key).Rows(0)(3).ToString",即获取数据表中第 1 行第 4 列的值,并转换为字符串格式,如图 3 - 4 - 34 所示。

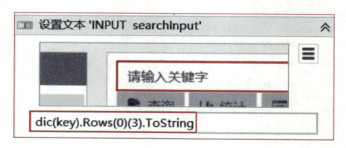

图 3 - 4 - 34　添加"设置文本"

【温馨提示】
　　dic(key)表示获取字典中当前 Key 关联的 Value(数据表)。

　　打开【设置文本】活动的"编辑选取器"属性,将其编辑属性中"src"属性末尾处的"zzszyfp ＊"修改为"＊"。

　　添加【单击】活动,在【设置文本】活动的下方,添加【单击】活动。单击"指明在屏幕上",指定"搜索"位置并单击,如图 3 - 4 - 35 所示。

图 3 - 4 - 35　添加"搜索"位置

打开【单击】的"编辑选取器"属性,将其编辑属性中"src"属性末尾处的"zzszyfp * "修改为" * "。

步骤23:打开开票软件系统,点击"发票填开",点击"增值税专用发票",点击"确定",点击购买方名称中"⎡...⎤"位置,输入客户名称"北京市万翔商城有限公司",点击"搜索",如图3-4-36所示。

图3-4-36　手动搜索客户

添加【单击】活动,在【遍历循环】活动的"正文"中,【单击】活动的下方,添加【单击】活动。单击"指明在屏幕上",指定搜索结果中编码"00101"的位置;在属性"输入—单击类型"处,将其修改为"ClickType.CLICK_DOUBLE"(双击),如图3-4-37所示。

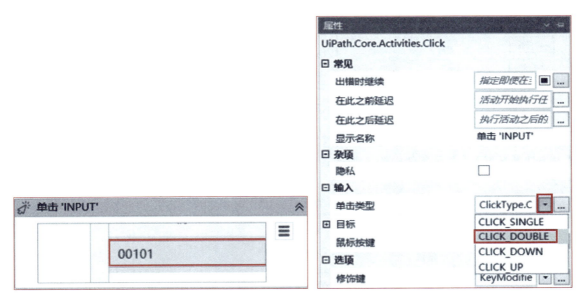

图3-4-37　修改编码"00101"属性

打开【单击】活动的"编辑选取器"属性,将其编辑属性中"src"属性末尾处的"zzszyfp * "修改为" * "。

步骤24:添加【IF条件】活动,在【遍历循环】活动的"正文"中,【单击】活动的下方,添加【IF条件】活动。在条件中输入表达式"dic(key).Rows.Count>6",如图3-4-38所示。

【温馨提示】

该表达式表示获取字典中当前Key关联的Value(数据表)中数据的行数。当行数>6时,开具清单;否则,直接开具发票。

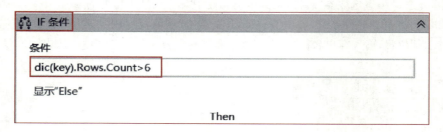

图 3-4-38 添加【IF 条件】活动

步骤 25：添加【分配】活动，在【IF 条件】活动的"Else"中，添加【分配】活动。在"="左边单击鼠标右键创建类型为"Int32"的变量"行数"，并修改变量范围为"发票开具机器人"；"="右边输入"2"，如图 3-4-39 所示。

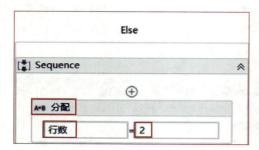

名称	变量类型	范围
file_开票申请	String	发票开具机器人
data_开票申请	DataTable	发票开具机器人
dic	Dictionary<String,DataTable>	发票开具机器人
data_字典value	DataTable	发票开具机器人
发票类型	String	发票开具机器人
行数	Int32	发票开具机器人

图 3-4-39 添加【分配】活动

步骤 26：添加【先条件循环】活动，在【IF 条件】活动的"Else"中，【分配】活动的下方，增加【先条件循环】活动。在条件中输入表达式"行数<=dic(key).Rows.Count"，如图 3-4-40 所示。

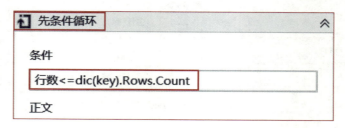

图 3-4-40 添加【先条件循环】活动

【温馨提示】
　　按照开票数据的行数，增加发票的行数。

步骤 27：打开开票软件系统，点击"发票填开"，点击"增值税专用发票"，点击"确定"。添加【单击】活动，在【先条件循环】条件的"正文"中，添加【单击】条件。单击"指明在屏幕上"，指定上方工具栏"增行"位置，如图 3-4-41 所示。

图 3 - 4 - 41　指定"增行"位置

打开【单击】活动的"编辑选取器"属性,将其编辑属性中"src"属性末尾处的"zzszyfp ＊"修改为" ＊"。

添加【分配】活动,【先条件循环】活动的"正文"中,【单击】活动的下方,添加【分配】活动。在"＝"左边输入变量"行数";"＝"右边输入表达式"行数＋1",如图 3 - 4 - 42 所示。

图 3 - 4 - 42　添加【分配】活动

【温馨提示】
此步骤的作用是增加开具发票界面的行数,直至和开票数据的行数一致。

步骤 28:添加【分配】活动,确定输入行次,在【IF条件】活动的"Else"中,【先条件循环】活动的下方,添加【分配】活动。在"＝"左边创建类型为"Int32"的变量"填写行次",并修改变量范围为"发票开具机器人";在"＝"右边输入表达式"1",如图 3 - 4 - 43 所示。

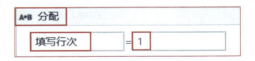

图 3 - 4 - 43　添加【分配】活动

步骤 29:添加【对于每一个行】活动,在【IF 条件】活动的"Else"中,在【分配】活动的下方,添加【对于每一个行】活动。在"输入"中输入表达式"dic(key)",如图 3 - 4 - 44 所示。

图 3 - 4 - 44　添加【对于每一个行】活动

步骤 30：打开开票软件系统，点击"发票填开"，点击"增值税专用发票"，点击"确定"，如图 3-4-45 所示。

图 3-4-45　打开增值税专用发票填开界面

添加【设置文本】活动，在【对于每一个行】活动的"正文"中，添加【设置文本】活动。单击"指明在屏幕上"，指定"货物或应税劳务、服务名称"下方输入框位置并单击；输入表达式"row(7).ToString"，如图 3-4-46 所示。

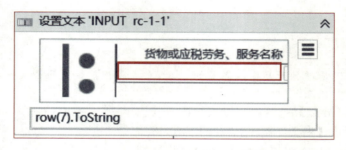

图 3-4-46　添加【设置文本】活动

打开【设置文本】活动的"编辑选取器"属性，将其编辑属性中"src"属性末尾处的"zzszyfp*"修改为"*"，将其编辑属性中"id"中间的"1"修改为"{{填写行次}}"，如图 3-4-47 所示。

图 3-4-47　修改"编辑属性"

填写"规格型号""单位""数量""单价(不含税)""金额""税率"部分的操作同填写"货物或应税劳务、服务名称"，【设置文本】中的输入表达式依次为"row(8).ToString""row(9).

ToString""row（10）. ToString""row（11）. ToString""row（12）. ToString""row（13）. ToString"。

步骤31：添加【分配】活动，在【IF条件】活动的"Else"中，【对于每一个行】活动的"正文"中，【设置文本】活动的下方，添加【分配】活动。在"="左边输入变量"填写行次"；"="右边输入表达式"填写行次＋1"，如图3-4-48所示。

图3-4-48 递增填写行次

【温馨提示】
填写行次递增1，逐行填写发票的内容。

步骤32：打开开票软件系统，点击"发票填开"，点击"增值税专用发票"，点击"确定"。
添加【单击】活动，在【IF条件】活动的"Then"中，添加【单击】活动。单击"指明在屏幕上"，指定上方工具栏"清单"位置并单击，如图3-4-49所示。

图3-4-49 指定"清单"位置

步骤33：添加【分配】活动，在【IF条件】活动的"Then"中，【单击】活动的下方，添加【分配】活动。在"="左边输入变量"行数"；"="右边输入表达式"2"。如图3-4-50所示。

图3-4-50 添加【分配】

步骤34：增加【先条件循环】活动，在【IF条件】活动的"Then"中，【分配】活动的下方，增加【先条件循环】活动。在条件中输入表达式"行数＜＝dic(key).Rows.Count"，如图3-4-51所示。
打开开票软件系统，点击"发票填开"，点击"增值税专用发票"，点击"确定"，点击"清单"。

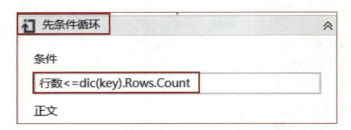

图 3-4-51 添加【先条件循环】活动

添加【单击】活动，在【先条件循环】活动的"正文"中，添加【单击】活动。单击"指明在屏幕上"，指定上方工具栏"增行"位置，如图 3-4-52 所示。

图 3-4-52 指定"增行"位置

添加【分配】活动，在【单击】活动的下方，添加【分配】活动。在"＝"左边输入变量"行数"；"＝"右边输入表达式"行数＋1"，如图 3-4-53 所示。

图 3-4-53 递增行数

【温馨提示】

　　按照开票数据的行数，增加清单的行数。

步骤35：添加【分配】活动，在【IF 条件】活动的"Then"中，【先条件循环】活动的下方，添加【分配】活动。在"＝"左边输入变量"填写行次"；"＝"右边输入表达式"1"，如图 3-4-54所示。

图 3-4-54 变量"填写行次"赋值

步骤36：添加【对于每一个行】活动，在【IF 条件】活动的"Then"中，【分配】的下方，添加【对于每一个行】活动。在"输入"中输入表达式"dic(key)"，如图 3-4-55 所示。

图 3-4-55　添加【对于每一个行】活动

打开开票软件系统,点击"发票填开",点击"增值税专用发票",点击"确定",点击"清单",如图 3-4-56 所示。

图 3-4-56　增值税专用发票清单

添加【设置文本】活动,在【对于每一个行】活动的"正文"中,添加【设置文本】活动。点击"指明在屏幕上",指定清单界面中的"货物或应税劳务、服务名称"下方输入框的位置并点击,输入表达式"row(7).ToString"。如图 3-4-57 所示。

图 3-4-57　添加【设置文本】活动

打开【设置文本】的"编辑选取器"属性,将其编辑属性中"src"属性末尾处的"zzszyfp＊"修改为"＊"。将其编辑属性中"id"中间的"1"修改为"{{填写行次}}",如图 3-4-58 所示。

图 3-4-58　修改"编辑属性"

"规格型号""单位""数量""单价(不含税)""金额""税率"部分的操作同"货物或应税劳务、服务名称",【设置文本】活动中的输入表达式依次为"row(8).ToString""row(9).ToString""row(10).ToString""row(11).ToString""row(12).ToString""row(13).ToString"。

图 3-4-59 递增填写行次

步骤 37：添加【分配】活动，在【IF 条件】活动的"Then"中，【对于每一个行】活动的"正文"中，【设置文本】活动的下方，添加【分配】活动。在"＝"左边输入变量"填写行次"；在"＝"右边输入表达式"填写行次＋1"。如图 3-4-59 所示。

步骤 38：打开开票软件系统，点击"发票填开"，点击"增值税专用发票"，点击"确定"，点击"清单"。

添加【单击】活动，在【IF 条件】活动的"Then"中，【对于每一个行】活动下方，添加【单击】活动。单击"指明在屏幕上"，指定清单右上方"完成"位置并单击，如图 3-4-60 所示。

图 3-4-60 指定"完成"位置

步骤 39：手动打开开票软件系统，点击"发票填开"，点击"增值税专用发票"，点击"确定"。

添加【单击】活动，在【遍历循环】活动的"正文"中，【IF 条件】活动的下方，添加【单击】活动。单击"指明在屏幕上"，指定工具栏中"打印"位置，如图 3-4-61 所示。

图 3-4-61 指定"打印"位置

打开【单击】的"编辑选取器"属性，将其编辑属性中"src"属性末尾处的"zzszyfp＊"修改为"＊"。

步骤 40：添加【消息框】活动，在【遍历循环】活动的下方，添加【消息框】活动，输入""开票完成!""，如图 3-4-62 所示。

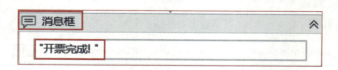

图 3-4-62 添加"开票完成!"提示

至此，"发票开具机器人"开发完成，可以点击菜单栏中的"调试文件"按钮进行测试。点击按钮后，程序开始运行，运行速度与计算机的配置有关，直到弹出"开票完成!"对话框，表示程

序调试完毕。打开"发票开票系统",通过"发票查询"功能可以看到由"发票开具机器人"自动
开具的所有发票。如图 3 - 4 - 63 所示。

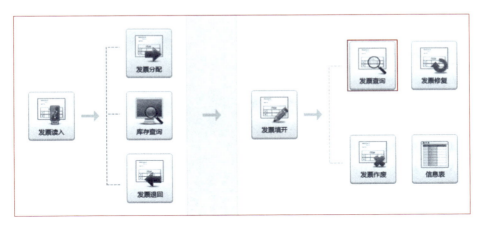

图 3 - 4 - 63　发票查询

【发票开具机器人操作大纲】

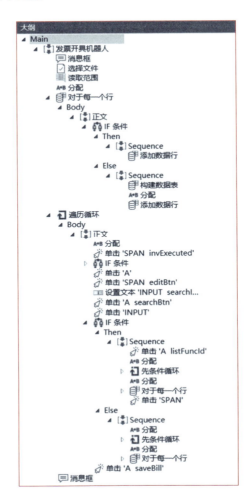

任务五　开发发票认证机器人

知识学习目标

- 理解自动化操作的工作流程。
- 掌握【读取 Excel 表】活动的作用及使用方法。
- 掌握【打开浏览器】活动的作用及使用方法。
- 掌握【存在元素】活动的作用及使用方法。
- 掌握【单击】活动的作用及使用方法。
- 掌握【数据抓取】活动的作用及使用方法。
- 掌握【IF 条件】活动的作用及使用方法。

技能训练目标

- 能根据特定的业务场景，准确梳理人工流程。
- 能根据人工流程设计 RPA 流程。
- 能熟练绘制发票认证的流程图。
- 能独立完成发票认证机器人的开发和测试。

素质教育目标

- 能够通过发票认证机器人的学习，养成严谨细致、精益求精的敬业精神。
- 能够通过发票认证机器人程序的开发，践行不畏困难、勇于挑战的拼搏精神。

任务描述

在北京市格莱美电器制造有限公司财务部办公区，晚上 7 点。

明月："张芳，已经下班了，你还在紧张地忙碌什么呢？"

张芳："发票认证。发票认证工作要不停地将抵扣明细表上的发票信息与增值税发票综合服务平台上的发票信息匹配、勾选，虽然没有什么难度，却因为发票数量多要花费大量时间。"

明月："是的，发票认证一定要细心，认证错误的发票后期处理比较麻烦。如果有发票忘记认证，进项税额可就没有办法抵扣了。"

张芳："是的，为了防止认证出错或者漏掉发票，每次我都要再三核对，耗费大量时间和精力，并且都是没有什么技术含量的重复性劳动。"

明月："咱们发票开具任务工作量也很大，并且是重复性劳动，公司研发了发票开具机器人代替人工劳动。既然这样，发票认证能不能也研发个机器人呢？"

张芳："今天忙完之后我整理一份发票认证机器人开发需求，提交给技术部门。让技术部门评估一下，看看能否实现这个需求。"

知识准备

为浏览器添加 UiPath 扩展程序的准备工作同前面任务。

一、网页操作常用活动的使用

【打开浏览器】活动、【单击】活动在项目六任务一中已经介绍过,此处只介绍【存在元素】活动的使用。

【存在元素】活动的作用是找到浏览器的指定位置。打开 360 网页,新建【存在元素】活动,如图 3-5-1 所示。在"指明在屏幕上"点击并选择打开网址的相应位置,如图 3-5-2 所示。右上角出现三条横线,点击选择第二个"编辑选取器",左上角显示绿色验证,如图 3-5-3 所示。

图 3-5-1　新建【存在元素】活动

图 3-5-2　在屏幕上点击并选择打开网址与相应位置

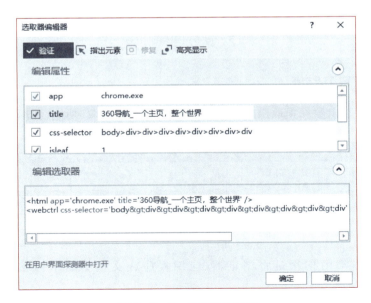

图 3-5-3　选取器编辑器

【例3-5-1】添加【存在元素】活动,点击"指明在屏幕上"。如图3-5-4所示。点击右上角三条横线的第二个"编辑选取器",左上角显示绿色验证,如图3-5-5所示。

图3-5-4 添加【存在元素】活动

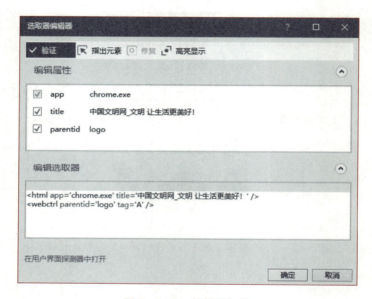

图3-5-5 编辑选取器

二、【数据抓取】活动

为了实现将网页上数据提取出来,Uipath提供了"数据抓取"功能,如图3-5-6所示。

图3-5-6 【数据抓取】活动

【数据抓取】活动的作用是将浏览器、应用程序或文档中的结构化数据提取至数据表中。

打开360网站理财界面后,抓取银行官网的数据,所需数据如图3-5-7所示。

图 3-5-7　360 网站理财界面

步骤 1：点击菜单栏中的【数据抓取】，如图 3-5-8 所示，弹出"提取向导"对话框，点击"下一步"，如图 3-5-9 所示。

图 3-5-8　点击菜单栏中的"数据抓取"

图 3-5-9　"提取向导"对话框

步骤 2：界面切换到浏览器，选择第一个搜索结果的标题，如图 3-5-10 所示，之后再次弹出对话框，点击"下一步"，如图 3-5-11 所示。

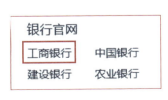

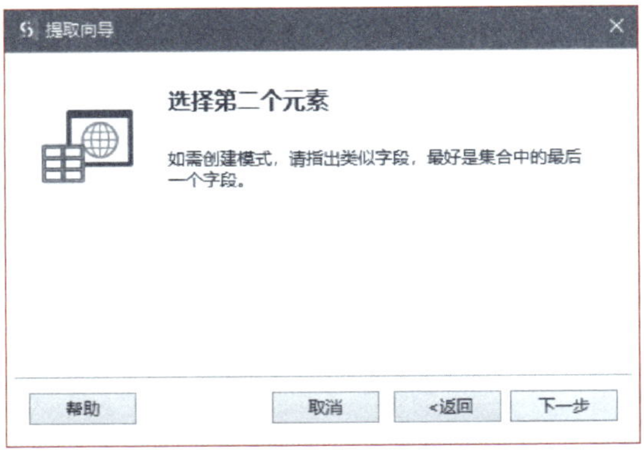

图 3-5-10　选择第一个搜索
结果的标题

图 3-5-11　选择第二个元素对话框

步骤3：界面切换到浏览器，选择第二个搜索结果的标题，如图3-5-12所示，在弹出对话框中，将文本列名称改为"银行官网"，并点击"下一步"，如图3-5-13所示。

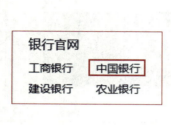

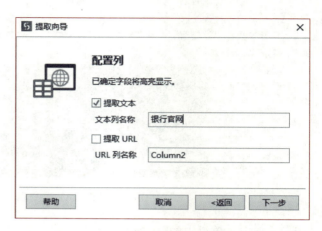

图3-5-12 选择第二个搜索 结果的标题

图3-5-13 将文本列名称改为"银行官网"

步骤4：弹出"预览数据"对话框，点击"完成"按钮，如图3-5-14所示。

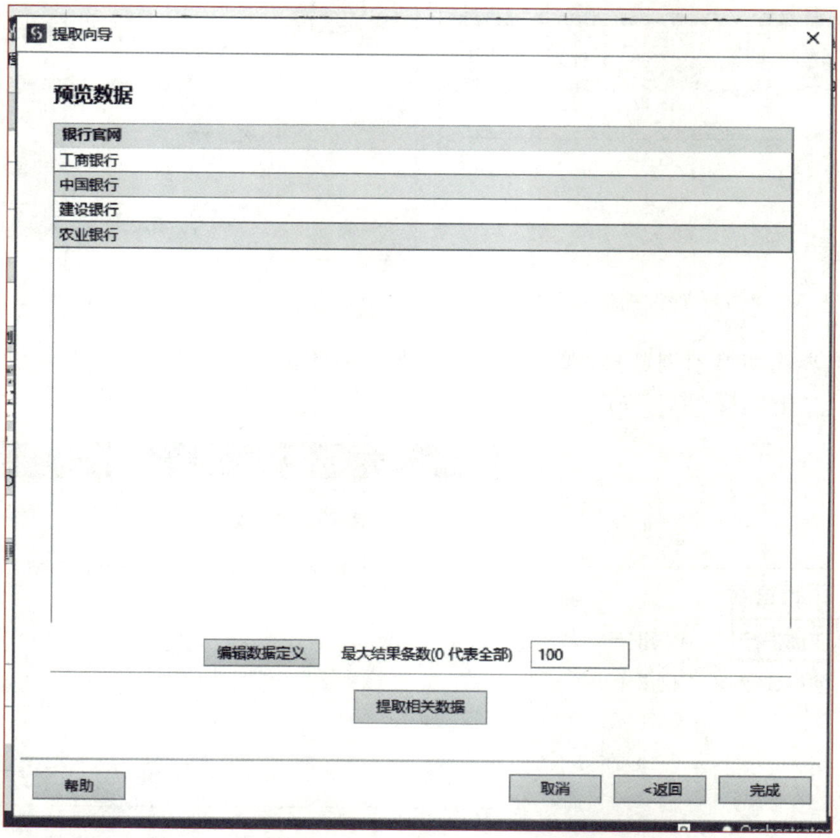

图3-5-14 "预览数据"对话框

步骤5：弹出"指出下一个链接"对话框，如图3-5-15所示，点击"否"按钮。至此，数据抓取工作完成，如图3-5-16所示。

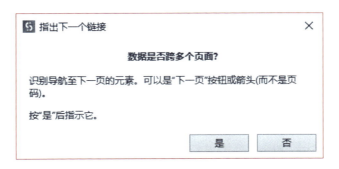

图3-5-15 "指出下一个链接"对话框

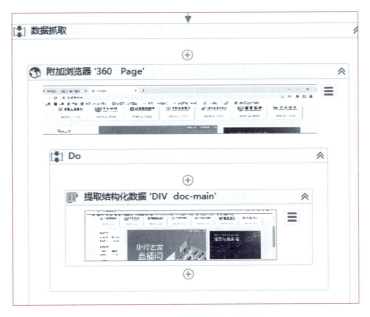

图3-5-16 数据抓取完成

步骤6：在C盘下创建一个Excel文件，命名为"books"，接下来将抓取的信息保存到books文件中。在活动中搜索【写入范围】活动，注意是工作簿中的"写入范围"，如图3-5-17所示。找到后将其添加到序列中。【写入范围】活动的设置如图3-5-18所示。

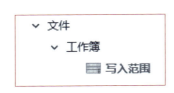

图3-5-17 搜索【写入范围】活动

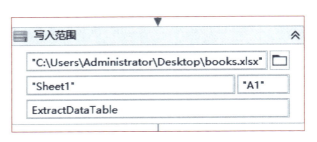

图3-5-18 【写入范围】活动设置

步骤 7：在活动中搜索【消息框】，找到后将其添加到序列中，添加文字："完成了!"，如图 3-5-19 所示。

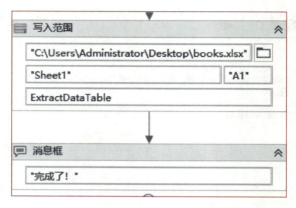

图 3-5-19 添加消息框

至此，整个机器人开发完成，点击菜单栏中的"调试文件"按钮进行测试。点击按钮后，程序开始运行，运行速度与计算机的配置有关，直到弹出对话框，显示"完成了"，表示程序调试完毕，如图 3-5-20 所示。此时打开 books 文件，可以看到，自动抓取的信息已经保存到了文件中，如图 3-5-21 所示。

图 3-5-20 开发完成对话框

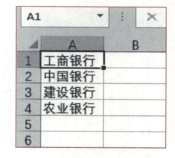

图 3-5-21 抓取信息保存到 Excel 文件

 任务实施

一、发票认证 RPA 机器人工作流程设计

在进行"发票认证机器人"开发之前，需要根据人工操作步骤，设计出 RPA 机器人的工作流程，之后根据工作流程进行机器人的具体开发和实现。

（一）发票认证人工流程分析

分析了在招聘网站查找、抓取、汇总、保存工作岗位信息的人工操作步骤，总结如下：

（1）打开 Excel 表中的发票抵扣明细表。

（2）打开 Web 网页增值税发票确认平台。

（3）在 Web 网页增值税发票确认平台上点击发票勾选。

（4）逐项核对发票抵扣明细表和发票勾选平台的发票信息。

（5）在 Web 网页增值税发票确认平台上符合条件的发票前打钩。

（6）在 Excel 表中的发票抵扣明细表对符合条件的发票填写勾选成功。

（7）在 Web 网页增值税发票确认平台点击确认勾选并点击确定。

（二）发票认证 RPA 机器人流程分析（图 3-5-22）

图 3-5-22　发票认证 RPA 机器人流程分析

二、发票认证 RPA 机器人的开发与实现

经过 RPA 机器人工作流程分析，RPA 机器人就可以进行实际开发了，具体开发步骤如下：

步骤 1：新建项目，命名为"发票认证机器人"。

步骤 2：新建一个序列，命名为"发票认证机器人"。

步骤 3：在左侧活动面板中搜索【消息框】活动，并将其拖至 main 面板上加号处，在"消息框"中编写文本："请选择抵扣明细表！"；将属性栏"显示名称"编辑为"读取抵扣明细表"，如图 3-5-23 所示。

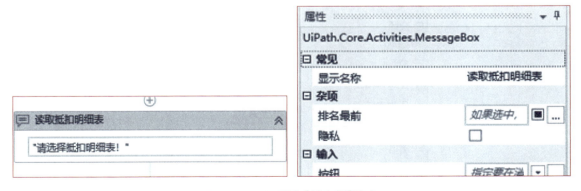

图 3-5-23　添加【消息框】活动

步骤 4：在活动面板中搜索【选择文件】活动，并将其拖至 main 面板上加号处，在右边属性面板（点击最右侧边"属性"）的输出框中点击右键，创建变量"File"，如图 3-5-24 所示。

步骤 5：在活动面板中搜索【读取范围】活动（注意需要选择"工作簿"下面的该活动），并将其拖至 main 面板上，在文件路径中填写变量"File"，在工作表名称中填写""抵扣明细""，在范

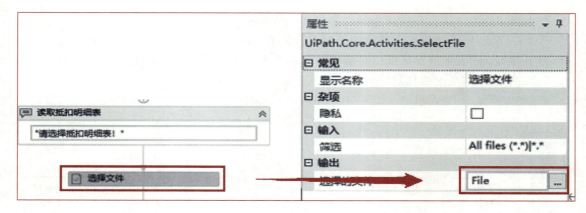

图 3-5-24 选择文件活动

围中填写:"A3",表示把表 A3 以后的内容全部读取,如图 3-5-25 所示。在右侧"属性面板—输出栏",点击右键,创建变量"data"。在右侧"属性面板—选项","添加标头"的对勾去掉(否则会将第一列数据默认为标头),如图 3-5-26 所示。

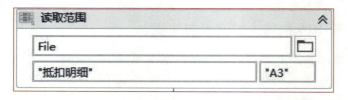

图 3-5-25 读取范围活动

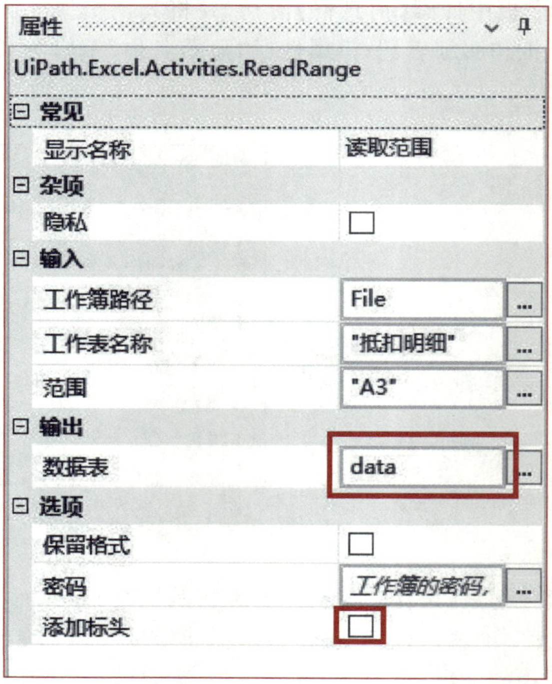

图 3-5-26 设置【读取范围】活动属性

步骤 6：在活动面板中搜索【分配】活动，并将其拖至 main 面板上，在右侧表达式中输入"data.select("column0='是'")"，即数据选择第 0 列为是的数据。左侧 To 栏，创建变量"checkrows"，中间最底下点击"变量"，数据类型为"DataRow[]"（可在浏览类型中搜索），再次选择变量类型，选择"ARRAY OF"，修改变量类型为"Systen.Data.Datarow"，如图 3-5-27 所示。

图 3-5-27　添加【分配】活动创建变量 checkrows

步骤 7：在活动面板中搜索【分配】活动，并将其拖至 main 面板上，在右侧表达式中输入"0"；在左侧 To 栏中，创建变量"checkcount"，设置变量类型为"Int32"，如图 3-5-28 所示。

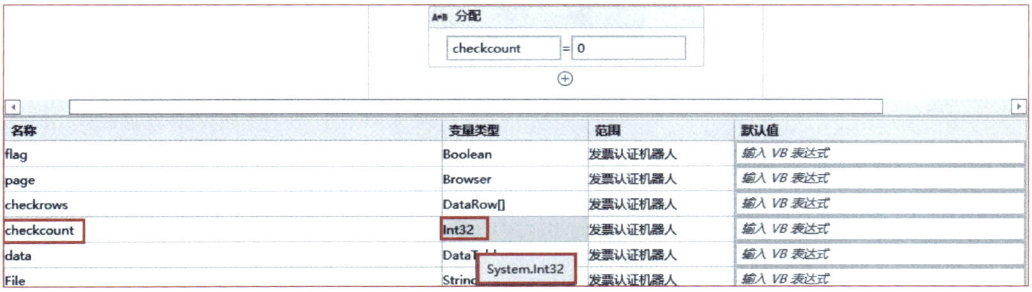

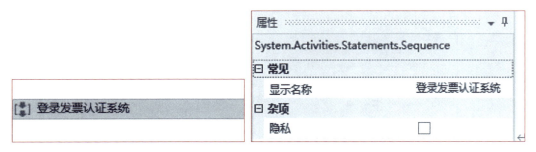

图 3-5-28　添加【分配】checkcount 活动

步骤 8：登录发票认证系统。新建一个序列，命名为"登录发票认证系统"，如图 3-5-29 所示。

图 3-5-29　新建"登录发票认证系统"序列

【温馨提示】
　　步骤 9 到步骤 14 的操作可以判断是否进入了"发票认证平台"，此操作需要有相关平台登录账号才能进行。如果没有登录账号，此操作可以直接跳过，步骤 8 之后直接增加【打开浏览器】活动，输入网址"http://jspt-rpa.netinnet.cn/robotApi/studentLogin? systemType=xzqr&info=430dXNlckNvZGU9ZG91bGox581&schoolCode=XSYS"，然后接续步骤 15。

步骤9：在活动面板中搜索【存在元素】活动，并将其拖至"登录发票认证系统"序列下方，登录到 RPA 机器人平台后，返回设计器点击【存在元素】活动中的"指明在屏幕上"出现透明的小手鼠标后在机器人平台上点击"实验环境"，如图 3-5-30 所示。

图 3-5-30　实验环境页面

步骤10：在【存在元素】活动选择完之后，点击该活动右上角出现"三条横线"，选择第二个"编辑选取器"，如图 3-5-31 所示。进入之后更改"实验环境"为"＊"，如图 3-5-32 所示，完成后点击"确定"。在"属性面板"中的输出中创建变量"flag"，如图 3-5-33 所示。在"属性面板—输入—目标"中的超时（毫秒）"500"，变量范围修改为"序列"。

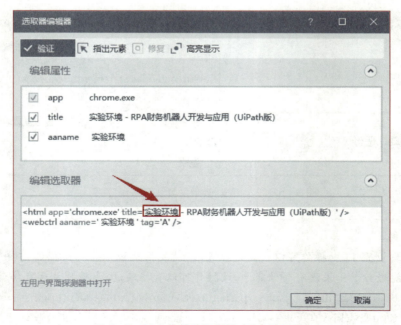

图 3-5-31　编辑选取器选中"实验环境"

图 3 - 5 - 32 编辑选取器修改为"＊"

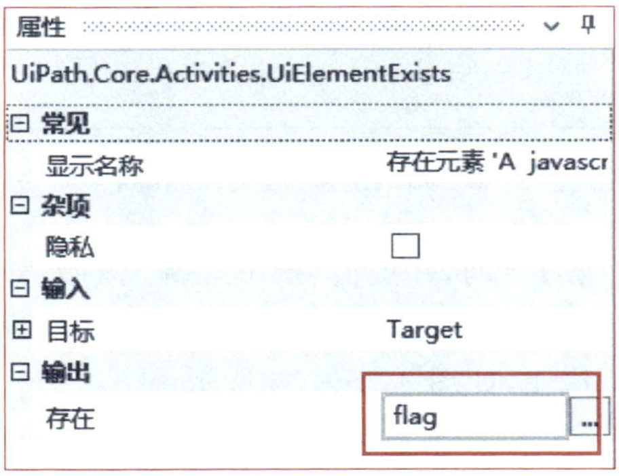

图 3 - 5 - 33 属性面板创建变量

步骤 11：添加【IF 条件】活动，判断条件为"flag"，在"Else"栏添加【消息框】活动，输入信息："请打开机器人平台后，点击确定!"，如图 3 - 5 - 34 所示。

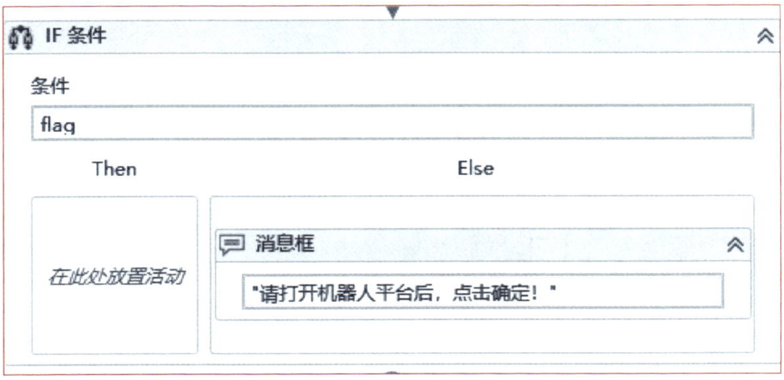

图 3 - 5 - 34 设置【IF 条件】活动

步骤 12：添加【后条件循环】活动,条件设置为"flag＝false",并将【存在元素】活动、【IF 条件】活动拖至【后条件循环】活动正文中,表示如果"flag"判断为假,则一直提示:"请打开机器人平台后,点击确定!",如图 3－5－35 所示。

图 3－5－35　设置【后条件循环】活动

步骤 13：添加【附加浏览器】活动,并点击"指出屏幕上的浏览器"出现可选状态后随机点击 RPA 机器人平台所属浏览器任意地方;用同样的方法打开"编辑选取器",将红框部分用"＊"代替,完成后点击"确定"按钮,如图 3－5－36 所示。

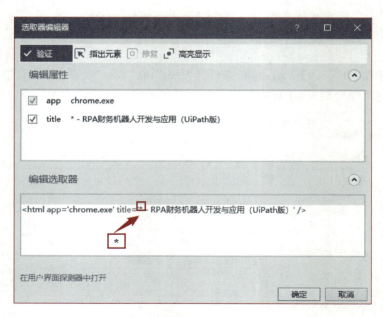

图 3－5－36　编辑选取器修改

步骤 14：接着再次添加一个【单击】活动，选择"发票认证系统"，如图 3-5-37 所示。

图 3-5-37 添加发票认证系统

步骤 15：接着再次添加一个【单击】活动，选择"发票勾选"。打开"编辑选取器"点击"指出元素"，再次选择"发票勾选"，如图 3-5-38 所示。

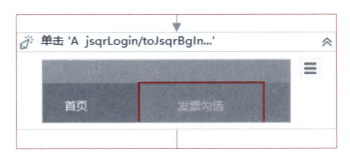

图 3-5-38 添加发票勾选

步骤 16：抓取"发票认证系统"中的发票信息表。在【单击】活动下面，添加【附加浏览器】活动，点击"指出屏幕上的浏览器"，任意点击选择发票认证系统的页面，如图 3-5-39 所示。在"属性"中输出栏创建变量"page"，范围改为"序列"。

图 3-5-39 设置【附加浏览器】活动

步骤 17：点击机器人设计器上方功能区中的"数据抓取"功能，点击"下一步"，如图 3-5-40 所示。点击发票确认平台中的发票列表表头栏"□勾选"，再弹出的弹框中选择"是"，如图 3-5-41 所示。在提取导向中点击完成，如图 3-5-42 所示。再弹出的弹框为"指出下一个链接"，其显示"数据是否跨多个页面？"，点击"否"，如图 3-5-43 所示。点击"编辑选取器"，在右侧属性栏的输出栏创建变量"Extractdatatable"。

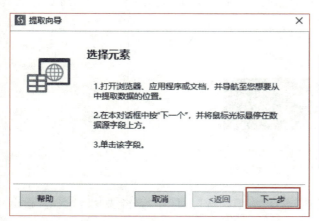

图 3-5-40　选择元素

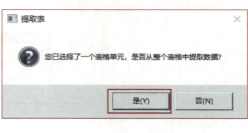

图 3-5-41　确认元素选择

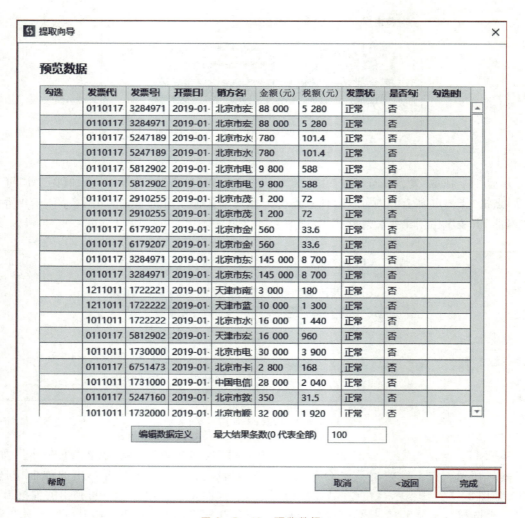

图 3-5-42　预览数据

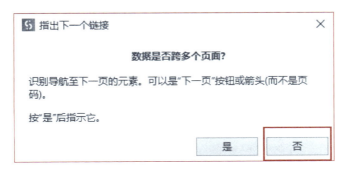

图 3 - 5 - 43　数据跨页面提示

步骤 18：勾选需要确认的发票。添加【序列】活动，将属性栏显示名称修改为"勾选发票"。添加【遍历循环】活动，在输入框中输入变量"checkrows"，点击属性设置参数类型为"DataRow"。变量范围"序列"，如图 3 - 5 - 44 所示。

步骤 19：在循环体正文中添加【分配】活动，在输入 VB 表达式栏输入"ExtractDataTable.Select("发票代码='"+item(1).ToString+'and 发票号码='"+item(2).ToString +""")"，"ExtractDataTabl"是从"发票认证系统"中提取的数据表，"select"表示在"ExtractDataTable"中选取数据。在左侧"To"栏中创建变量"tempRows"，类型为"DataRow[]"，如图 3 - 5 - 45 所示。

图 3 - 5 - 44　设置【遍历循环】活动

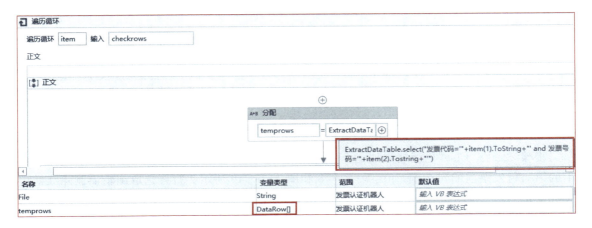

图 3 - 5 - 45　在循环体正文中添加【分配】活动

步骤 20：添加【IF 条件】活动，判断条件为"tempRows.Count＞0"。"Else"添加一个【分配】活动，右侧公式栏输入："没有查找到该票据！"，左侧创建变量"result"，如图 3 - 5 - 46 所示。

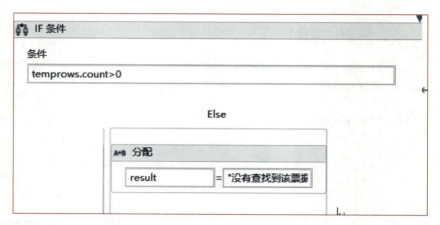

图 3-5-46　设置【IF 条件】活动

步骤 21：在"Then"栏添加一个【IF 条件】活动，判断条件为"tempRows.Count＞1"。在"Else"栏添加【分配】活动，右侧公式栏输入"ExtractDataTable.Rows.IndexOf(tempRows(0))＋2"，左侧"To"栏创建变量"indext"，变量类型为"Int32"。"Then"栏添加【分配】活动，右侧公式栏输入："匹配到"＋tempRows.Count.ToString＋"条相同的票据""，左侧输入变量"result"。如图3-5-47所示。

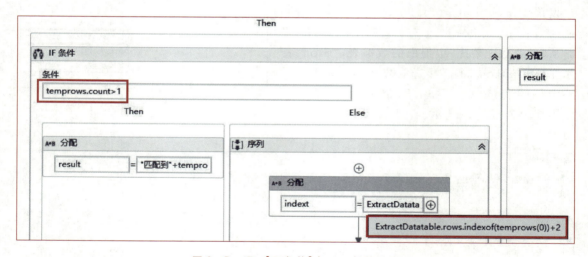

图 3-5-47　【IF 条件】中 then 栏的设置

步骤 22：在"Else"栏继续添加一个【单击】活动，单击"指明在屏幕上"，点击发票确认平台上的第一行发票前的勾选框，如图 3-5-48 和图 3-5-49 所示。打开选取编辑器删除红框中"name-id'"的内容，更改"tableRow='2'"为"tableRow-＊='{indext}}'"，点击"确定"。点击"指出元素"，再次点击发票确认平台上的第一行发票前的勾选框，点击"确定"，如图 3-5-50所示。

步骤 23：在【单击】活动下面陆续添加两个【分配】活动，第一个右侧输入""勾选成功""，左侧输入变量"result"。第二个右侧输入"checkcount＋1"，左侧输入变量"checkcount"，如图3-5-51 所示。

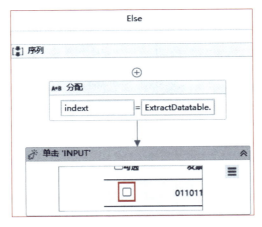

图 3 − 5 − 48 【分配】活动

图 3 − 5 − 49　勾选发票

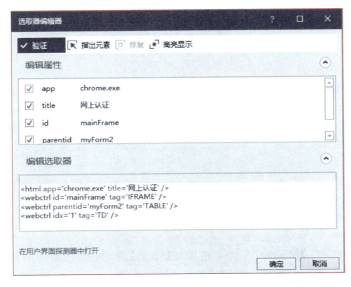

图 3 − 5 − 50　编辑器设置

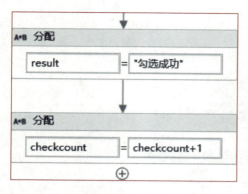

图 3-5-51 添加两个【分配】活动

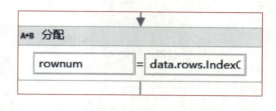

图 3-5-52 【IF 条件】活动中的【分配】活动

步骤 24：在【IF 条件】活动下面，添加【分配】活动，右侧输入"data.Rows.IndexOf(item)＋3"，左侧创建变量"RowNum"，变量类型为"int32"，变量范围"序列"，如图 3-5-52 所示。

步骤 25：继续添加【写入单元格】活动（工作簿下的活动），工作簿路径"File"，工作表名称："抵扣明细"，单元格："J"＋RowNum.ToString，单元格内容"result"。如图 3-5-53 所示。

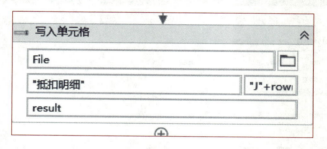

图 3-5-53 【写入单元格】活动

步骤 26：确认勾选。添加【序列】活动在序列中添加【IF 条件】活动，属性栏显示名称改为"确认勾选"，判断条件为"checkcount＞1"，如图 3-5-54 所示。

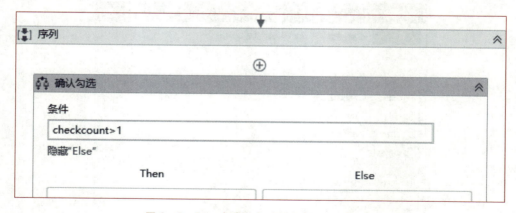

图 3-5-54 在确认勾选添加【IF 条件】活动

步骤 27：在【IF 条件】活动中"Then"栏添加【单击】活动，如图 3-5-55 所示。点击"指明在屏幕上"，选中发票勾选页面下方"保存"按钮，如图 3-5-56 所示。同样的方法继续创建两个，选中弹出的提示框，如图 3-5-57 所示。

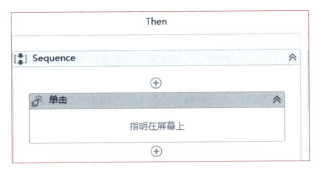

图 3 - 5 - 55　添加【单击】活动

图 3 - 5 - 56　保存发票

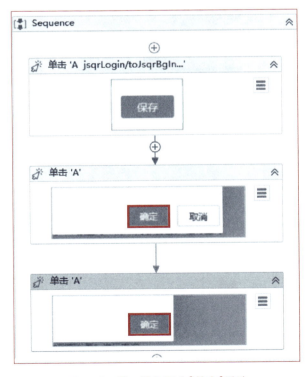

图 3 - 5 - 57　添加两个【单击】活动

步骤28：在【IF条件】活动下方添加七个【单击】活动,第一个选择发票确认平台中"确认勾选"模块;第二个选择"确认",后面的依次在弹出的弹框中选择"确定""确定""提交""确定""确定"最后一个选择关闭弹框的右上角小红叉,如图3-5-58所示。

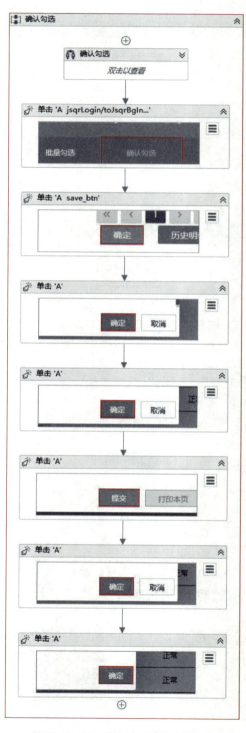

图 3 - 5 - 58　添加七个【单击】活动

步骤 29：添加【关闭选项卡】活动，"属性—输入"栏输入"page"，如图 3-5-59 所示。

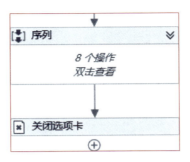

图 3-5-59　关闭选项卡设置

【发票认证机器人操作大纲】

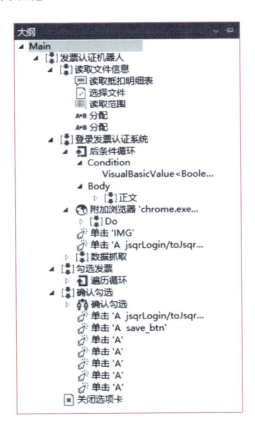

任务六　开发供应商评估机器人

◯ **知识学习目标**
- 掌握供应商评估机器人的业务流程和特点。

- 掌握供应商评估业务需求分析的要点。
- 掌握供应商评估机器人的开发和测试知识。

技能训练目标

- 能熟练应用和理解供应商评估机器人。
- 能准确绘制供应商评估机器人开发流程图。
- 能熟练应用【调用方法】活动、【IF 条件】活动、【Excel 写入行】活动等。
- 能独立完成供应商评估机器人的开发和测试。

素质教育目标

- 能够通过对各企业往来原始数据的处理，提升学生使用资源、挖掘资源、整合资源的能力。
- 能够通过对大量数据的整理和计算，树立学生客观公正、一丝不苟的敬业精神。
- 能够通过对供应商各指标评价方法的学习，培养学生对客观情况的衡量能力和对未来规划的决策能力。

 任务描述

　　财务主管诸莞对会计张芳说："近几年国家提倡经济高质量发展，咱们公司也准备对供应商的综合质量进行动态管理，张芳，你负责公司往来业务，这个任务主要由你负责。"

　　张芳有些困惑："主管，主要评估供应商哪些方面呢？"

　　诸莞说："每天根据与各供应商的往来业务明细，实时评估出原材料的质量状况、价格水平和交货状况等，为今后的供应商合作提供决策依据。"

　　张芳接着问："那具体该怎么做呢？"

　　诸莞："每天从财务系统、仓库管理系统中导出相关的订单清单和材料入库明细等文件，然后将这些数据进行整理，套入公式进行计算。"

　　张芳觉得这个任务不小，对诸莞说："主管，咱们公司业务量大，而且要考察几个维度，还要使用复杂的计算公式，分析时如果有数据遗漏或者计算出错，评估结果就会失真，最终导致决策失误。"

　　诸莞："是的，所以这个工作一定要严谨、认真，只有评估结果真实，才真正有助于企业的经营决策呀。"

　　张芳："这个工作任务量大、每天都要做，如果能设计一个机器人辅助，那就最好了。"

　　诸莞："你可以联系采购部和信息部，采购部对于业务比较熟悉，结合了解的结果你提出设计需求，看看信息部能否帮忙设计出一个这样的机器人。"

　　说干就干，张芳开始着手联系、沟通、设计机器人了。

 知识准备

　　开发供应商评估机器人需要用到【读取范围】活动、【写入范围】活动、【选择文件】活动、【选择文件夹】活动、【遍历循环】活动、【对于每一个行】活动、【构建数据表】等，由于其他活动在前面任务中已经学习过，本任务我们重点学习【写入范围】活动和【选择文件】活动。

一、【写入范围】活动

【写入范围】活动的作用是,按照指定的 Excel 工作簿,指定的工作表(Sheet),指定的起始单元格,写入(粘贴)已有的数据表(数据表变量)。【写入范围】活动的作用详细介绍如图 3-6-1 所示。

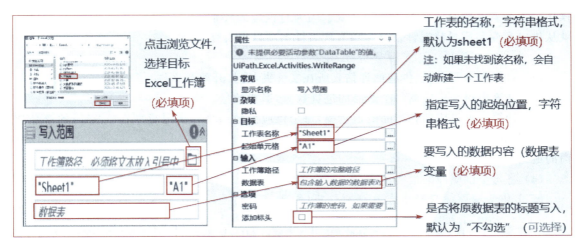

图 3-6-1　【写入范围】活动

二、【选择文件】活动和【选择文件夹】活动

【选择文件】和【选择文件夹】活动的作用是,弹出一个窗口,供用户选择文件(文件夹),并将用户的选择输出为一个文件路径(文件夹路径),以便流程中其他环节使用。其详细介绍如图 3-6-2 所示。

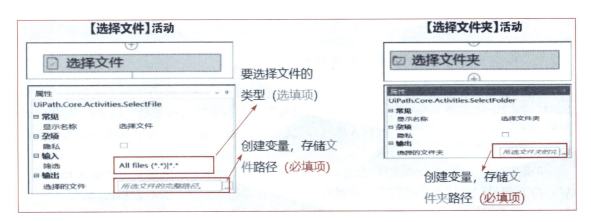

图 3-6-2　【选择文件】活动和【选择文件夹】活动

【温馨提示】

　　本活动在运行后需人工选择,应放在流程前面,以提高工作效率。

任务实施

一、供应商评估机器人的流程分析

供应商评估工作具备简单、重复、规则明确的特征，因此适合使用财务机器人来替代人工操作。下面就开始对此机器人进行开发。因为对供应商评估可以从多个维度来评价，本任务就从供应商商品质量状况评估这一项有代表性的项目来研究。

（一）供应商评估人工流程分析

（1）打开入库明细表、供应商评估表所在文件夹，并打开两个文件。

（2）计算出每个供应商每个产品的进货数量，退货数量。

（3）计算每个供应商各产品的退货率，每个供应商每出现一个退货率在 0～1％ 的产品扣 1 分，退货率在 1％～2％ 的产品扣 2 分，退货率在 2％ 以上的产品扣 4 分。最终算出每个供应商的最终分数。

（4）将每个供应商的最终分数写入供应商评估表内。

（二）供应商评估 RPA 机器人流程分析（图 3-6-3）

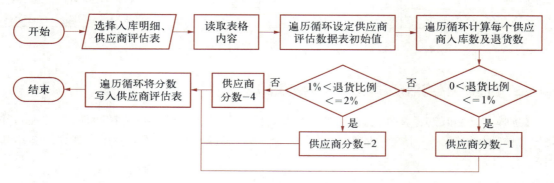

图 3-6-3　供应商评估 RPA 机器人流程分析

二、供应商评估机器人的开发与实现

步骤 1：从系统中导出"材料入库明细"Excel 文件，打开文件后，文件内容应包含评估供应商所需要的"供应商编号""供应商名称""物料号""物料描述""入库数量""退货标识"等关键信息。图 3-6-4 为打开后的"材料入库明细"文件及上述关键信息，其中入库数量为负数代表退货，同时退货标识对应的值为"1"。

步骤 2：创建一个 Excel 文件，命名为"供应商评估"。此文件中应包含本企业所有供应商的"供应商编号""供应商名称""质量状况评分"等项目。图 3-6-5 为打开后的"供应商评估"文件及上述关键信息，其中"质量状况"一项为空白，用来后期填入供应商该项目的评估得分。

步骤 3：新建流程，命名为"供应商评估机器人"，然后打开主工作流，添加【序列】活动。

步骤 4：

（1）在【序列】活动中添加【消息框】活动，在"文本"功能中输入："请选择材料入库明细"，用来在执行程序时出现消息框，消息框中的内容用来提醒使用者接下来应该操作的步骤，如图 3-6-6 中的❶所示。

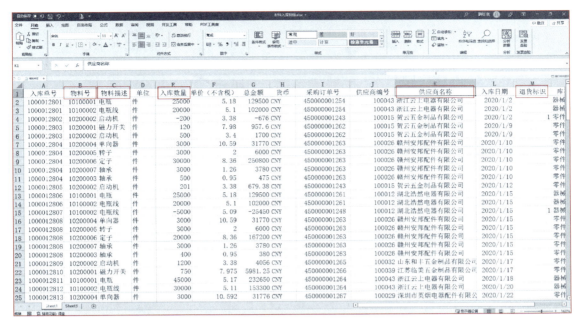

图 3-6-4 "材料入库明细"文件

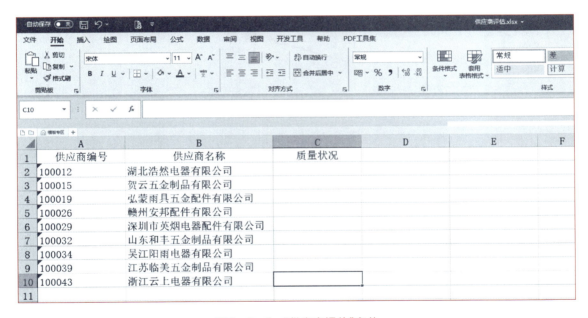

图 3-6-5 "供应商评估"文件

（2）在【消息框】活动下添加【选择文件】活动，在右侧属性中输出项创建变量"材料入库明细"，将所选的"材料入库明细"文件的路径赋值给此变量，如图 3-6-6 中的❷所示。

步骤 5：

（1）在【选择文件】活动下方添加【消息框】活动，在属性中的文本选项，输入"请选择供应商评估表"，用以在执行程序时提示使用者选择需要的文件，如图 3-6-7 中的❶所示。

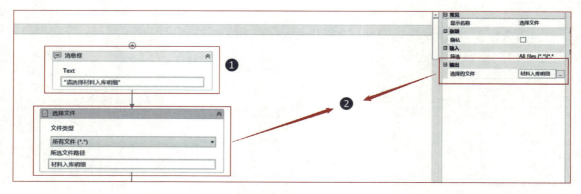

图 3-6-6　选择材料入库明细表

（2）在【消息框】活动下添加【选择文件】活动，在右侧属性中输出项创建变量"供应商评估表"，将所选的"供应商评估表"文件的路径赋值给此变量，如图 3-6-7 中的❷所示。

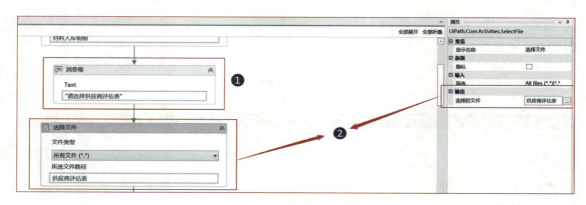

图 3-6-7　选择供应商评估表

步骤 6：在【选择文件】活动下方添加【读取范围】活动，在属性工作簿路径处输入"材料入库明细"，工作表名称为："Sheet1"，范围空置不填，同时勾选"添加标头"选项，并在输出项下的数据表项目中输入"dt_入库明细"。

此活动用来读取"材料入库明细"工作簿里的"Sheet1"表格里的全部内容，同时将第一行作为标题，并把读取的数据储存到变量类型为"DataTable"的变量"dt_入库明细"中，如图 3-6-8 所示。

图 3-6-8　添加材料入库明细的【读取范围】活动

步骤7：在图3-6-9的【读取范围】活动下方再添加一个【读取范围】活动，在属性工作簿路径处输入"供应商评估表"，工作表名称为""Sheet1""，范围空置不填，同时勾选"添加标头"选项，并在输出项下的数据表项目中输入"dt_供应商评估原表"，如图3-6-9所示。

图3-6-9 添加供应商评估表的【读取范围】活动

此活动与上个活动作用类似，用来读取"供应商评估表"工作簿里的""Sheet1""表格里的全部内容，同时将第一行作为标题，并把读取的数据储存到变量类型为"DataTable"的变量"dt_供应商评估原表"中。

步骤8：

（1）在图3-6-9的【读取范围】活动下方添加【构建数据表】活动。如图3-6-10中的❶所示。

（2）在数据表中应添加三列："供应商编号""供应商名称""质量状况"，三列数据的数据类型均为"String"格式。此三列数据要与"供应商评估表"Excel文件内容相对应，如图3-6-10中的❷所示。

（3）在属性下方的输出"数据表"项中，将表格输出为变量"dt_供应商评估"。如图3-6-10中的❸所示。

图3-6-10 添加【构建数据表】活动

步骤9：

（1）在图3-6-10的【构建数据表】活动下方添加【多重分配】活动，如图3-6-11中的❶所示。

（2）创建第一个空字典，在等号左边创建变量"供应商分数"，在等式右边输入表达式"new Dictionary(of String，Int32)"，用来储存和计算供应商的评价分数。如图3-6-11中的❷所示。

（3）创建第二个空字典，在"＝"左边创建变量"入库总和"，"＝"右边输入表达式"new Dictionary(of String，Int32)"，用来储存和计算原材料入库数量总和，如图 3 - 6 - 11 中的❸所示。

（4）创建第三个空字典，在等号左边创建变量"入库退回"，在等式右边输入表达式"new Dictionary(of String，Int32)"，用来储存和计算原材料退货数量总和，如图 3 - 6 - 11 中的❹所示。

> **【温馨提示】**
> 三个字典的变量类型应均为"Dictionary＜String，Int32＞"。如图 3 - 6 - 11 中的❺所示。

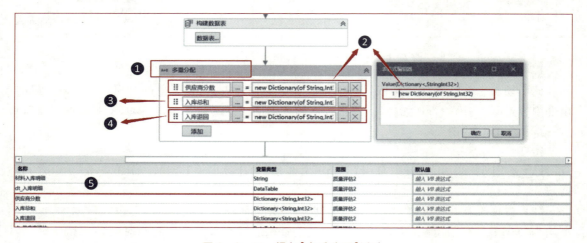

图 3 - 6 - 11　添加【多重分配】活动

步骤 10：

在图 3 - 6 - 12 的【多重分配】活动下方，添加【对于每一个行】活动。在【遍历循环】活动下方的位置输入"row"，在"输入"项中输入"dt_供应商评估原表"。此活动表示使变量"row"依次等于供应商评估原表中每一行的内容，如图 3 - 6 - 12 所示。

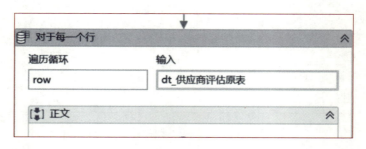

图 3 - 6 - 12　添加【对于每一个行】活动

步骤 11：

（1）在循环的正文中添加【分配】活动，在"＝"左边添加变量"gysId"，在"＝"右边输入表达式"row.Item("供应商编号").ToString"，此表达式代表将当前循环的"row"内容中的"供应商编号"项目的内容转换为"String"类型，如图 3 - 6 - 13 中的❶所示。

（2）在【分配】活动下方，添加【调用方法】活动，在窗口右侧属性中，方法名称为"Add"，目标对象为字典"供应商分数"，目标类型为"(null)"，参数项：添加两个参数，方向都为"输入"，一个值为"gysId"，类型为"String"；另一个值为"0"，类型为"Int32"。此活动的作用为把上个【分配】活动中定义的"gysId"即供应商编号添加到字典"供应商分数"中，通过循环可以把所有的供应商编号添加到字典中，如图 3-6-13 中的❷所示。

（3）在【调用方法】活动下方添加【添加数据行】活动，在"数组行"项目中输入以下表达式"{gysId,row.Item("供应商名称"),"0"}"，在"数据表"项目中输入"dt_供应商评估"。至此，步骤 10 中添加的【对于每一个行】活动结束。此活动的作用是将表达式"{gysId,row.Item("供应商名称"),"0"}"所指代的供应商编号、当前行供应商名称和供应商初试分数"0"添加到数据表"dt_供应商评估"中。如图 3-6-13 中的❸所示。

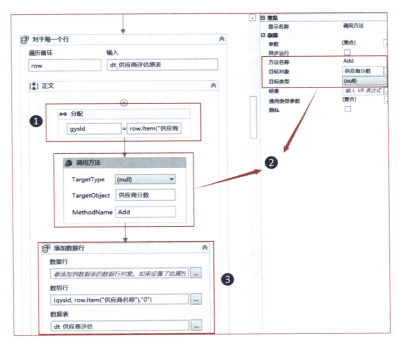

图 3-6-13　添加【分配】【调用方法】和【添加数据行】活动

步骤 12：

（1）在结束上一个【对于每一个行】活动后，在下方再添加一个【对于每一个行】活动。此次循环是为了计算各供应商的入库量总和与退货量总和，如图 3-6-14 中的❶所示。

（2）在【遍历循环】活动内输入"row"，在"输入"项目内输入"dt_入库明细"。此活动表示把"入库明细表"中的每一行循环赋值给变量"row"，如图 3-6-14 中的❷所示。

图 3-6-14　添加【对于每一个行】活动

步骤 13：

（1）在【对于每一个行】活动下方的"正文"中添加【多重分配】活动，为接下来的循环计算做准备，如图 3 - 6 - 15 中的❶所示。

（2）在"＝"左边创建第一个变量"key"，"＝"右边输入表达式为"row.Item("供应商编号").ToString＋"_"＋row.Item("物料号").ToString"。如图 3 - 6 - 15 中的❷所示。

此表达式中"row.Item("供应商编号").ToString"代表将当前循环行中的"供应商编号"转换为"String"类型，"row.Item("物料号").ToString"代表将当前循环行中的"物料号"转换为"String"类型。整个表达式代表将变量"key"赋值为当前循环行的"供应商编号_物料号"形式的字符串。

（3）在"＝"左边创建第二个变量"rkNum"，"＝"右边输入表达式为：Convert.ToInt32(row.Item("入库数量").ToString)，变量类型为：Int32。如图 3 - 6 - 15 中的❸所示。

此表达式首先通过"row.Item("入库数量").ToString"将当前行的"入库数量"转换为"String"类型，这样做的目的是因为"Convert.ToInt32()"要转换为整数的对象必须是"String"类型。整个表达式代表将变量"rkNum"赋值为当前循环行的"入库数量"下方的数字，需要注意的是变量"rkNum"的类型应当是"Int32"。

（4）在"＝"左边创建第三个变量"isReturn"，"＝"右边输入表达式为："1".Equals(row.Item("退货标识").ToString)，该变量类型为"Boolean"型。如图 3 - 6 - 15 中的❹所示。

此表达式的作用为将当前行的"退货标识"转换为文本后判断是否等于文本"1"。如果等于"1"，那么变量"isReturn"被赋值为"True"，否则就被赋值为"False"，此条件是为后方判断是否存在退货情况而设定的。

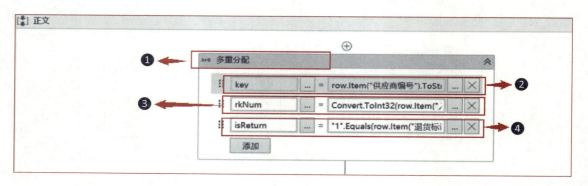

图 3 - 6 - 15 添加【多重分配】活动

步骤 14：

（1）在【多重分配】活动下方，添加【IF 条件】活动，"条件"项目的表达式为"入库总和.ContainsKey(key)"。此表达式是判断字典"入库总和"中是否包含键"key"，这个"key"为当前行的"供应商编号_物料号"如图 3 - 6 - 16 中的❶所示。

（2）如果上述条件成立，那么执行"Then"中的活动，此项目下设置为空白，如果条件不成立则执行"Else"中的活动，此项目下添加【调用方法】活动，其中右方属性窗口中"方法名称"设置为"Add"，"目标对象"设置为字典"入库总和"，"目标类型"设置为"（null）"。参数项：添加两个参数，方向都为"输入"，一个值为"key"，类型为"String"，一个值为"0"，类型为"Int32"。如图 3 - 6 - 16 中的❷所示。

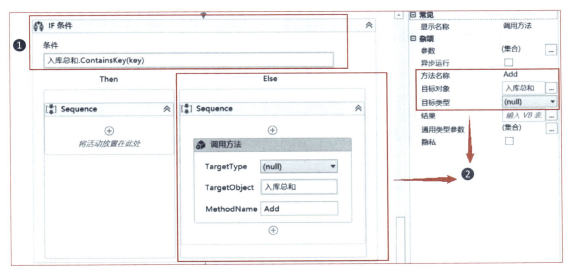

图 3－6－16　添加【IF 条件】活动、【调用方法】活动

此活动的作用是将所有涉及到的"供应商编号_物料号"统统加入"入库总和"字典中，如果已经存在了就跳过添加，如果不存在就把当前的"key"加入字典中，这样就可以做到每个"key"都添加但又不会出现重复。

步骤 15：

（1）在上个【IF 条件】活动的下方再添加一个【IF 条件】活动。如图 3－6－17 中的❶所示。此【IF 条件】活动的条件为变量"isReturn"。它代表当前行的"退货标识"转换为文本后判断是否等于文本"1"，如果等于"1"，"isReturn"的值为"True"，代表存在退货，否则"isReturn"的值为"False"，代表没有退货。

（2）若条件"isReturn"为"False"，则在"Else"选项下添加【分配】活动，"＝"左边表达式为"入库总和.Item(key)"，"＝"右边的表达式为"入库总和.Item(key)＋rkNum"，如图 3－6－17 中的❷所示。

此活动的含义为，当不存在退货的情况时，字典中当前键即"供应商编号_物料号"的对应值加上变量"rkNum"的值，表示入库总和要加上当前项目的入库数，通过循环就能将所有不存在退货的项目值全部加上。

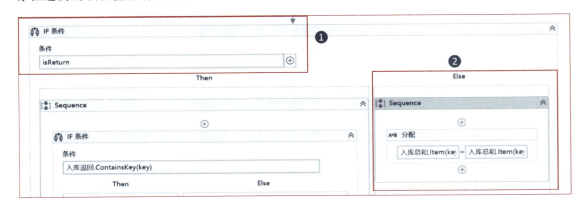

图 3－6－17　添加不退货的【IF 条件】活动、【分配】活动

步骤16：

（1）当上述【IF 条件】活动条件成立时，在"Then"项目下再添加一个【IF 条件】活动。条件的表达式为：入库退回.ContainsKey(key)，此条件代表字典"入库退回"中是否存在当前的键"key"即当前的"供应商编号_物料号"。如图 3 - 6 - 18 中的❶所示。

（2）【IF 条件】活动下的"Then"项目为空，不放置任何活动。在"Else"项目中，添加【调用方法】活动，其中右方属性窗口中"方法名称"设置为"Add"，"目标对象"设置为字典"入库退回"，"目标类型"设置为"（null）"参数项：添加两个参数，方向都为"输入"，一个值为"key"，类型为"String"，一个值为"0"，类型为"Int32"，如图 3 - 6 - 18 中的❷所示。

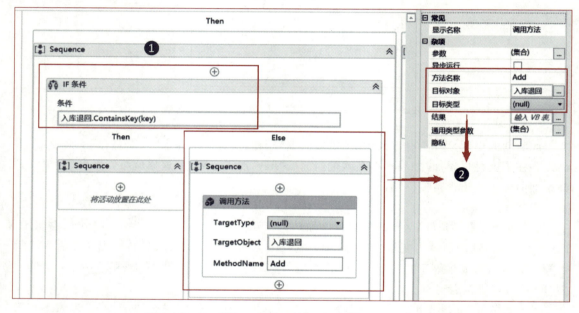

图 3 - 6 - 18　添加入库退回的【IF 条件】【调用方法】活动

步骤17：

（1）上述【IF 条件】活动结束后，添加一个【分配】活动，等号左边表达式为"入库退回.Item(key)"，等号右边表达式为"入库退回.Item(key)-rkNum"，如图 3 - 6 - 19 中的❶所示。

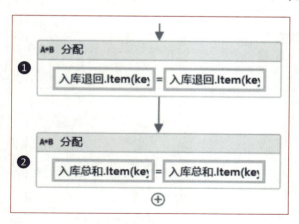

图 3 - 6 - 19　添加入库退回的两个【分配】活动

因为现在处于变量"isReturn"为"True"的情况，即存在退货的情况，所以此步骤的作用是在字典"入库退回"中，当前键"key"对应的值需要加上当前商品退回数量的值，因为在原表格中入库数量为负数，因此表达式中为减号。通过循环可以把退货的数量全部加上。

（2）在上个【分配】活动下方再添加一个【分配】活动，"="左边表达式为"入库总和.Item(key)"，"="右边表达式为"入库总和.Item(key)+rkNum"，如图 3 - 6 - 19 中的❷所示。

此表达式的作用为将退货的入库量从入库总和中减去,将字典"入库总和"中键"key"对应的值加上因退货产生的负数入库量产生的新值重新赋值给"入库总和.Item(key)"。

至此,本次【对于每一个行】活动结束,通过【遍历循环】活动,可以把入库数量总和与退货数量总和计算完毕并储存到对应字典中。

步骤18:

在上方【对于每一个行】活动结束后,添加【遍历循环】活动,在"遍历循环"项目中输入"key",在属性面板将"TypeArgument"项修改为"String",在"输入"项目中输入表达式"入库退回.Keys",如图3-6-20所示。

上述表达式中,"入库退回.Keys"表示字典"入库退回"的键的集合,即退回原材料"供应商编号_物料号"的集合。因为上边的活动已经把各个退回的原材料汇总入了"入库退回"字典中,所以这里要使变量"key"在该字典中的键中进行遍历循环。

图3-6-20　添加【遍历循环】活动

步骤19:

(1)在【遍历循环】活动中的"正文"部分,添加【分配】活动,在"="左边创建变量"比例","="右边输入表达式"100 * 入库退回.Item(key)/入库总和.Item(key)",变量"比例"的类型为"Double",如图3-6-21中的❶所示。

"入库退回.Item(key)"表示字典"入库退回"中,以当前"key"为键的入库退回数量;"入库总和.Item(key)"表示字典"入库总和"中,以当前"key"为键的入库数量的总和;整个表达式表示的是退回数量占入库总和的百分比乘以100。

(2)在上个【分配】活动下方再添加一个【分配】活动,在"="左边创建变量"gysId"(供应商ID),"="右边的表达式为"key.Substring(0,key.Indexof("_"))",变量"gysId"的数据类型为"String"。如图3-6-21中的❷所示。

在表达式中,"key.Indexof("_")"表示在当前键"供应商编号_物料号"中,下划线所在的位置的下标,表示从键中截取从0位置开始到下划线所在的位置,也就是键中的"供应商编号"部分。

图3-6-21　添加两个【分配】活动

步骤 20:

(1) 在【分配】活动下添加【IF 条件】活动,在"条件"项目内输入"比例＞2",来判断上方算出的退货率是否大于 2%,如图 3-6-22 中的❶所示。

(2) 当上述条件成立时,在"Then"中添加【分配】活动,在"＝"左边输入表达式"供应商分数.Item(gysId)","＝"右边输入表达式"供应商分数.Item(gysId)-4"。此表达式代表当原材料退货率大于 2% 时,字典"供应商分数"中此"gysId"所对应的项目,即供应商分数减去 4 分。如图 3-6-22 中的❷所示。

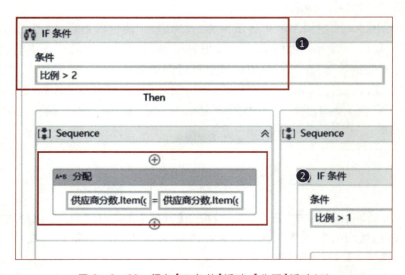

图 3-6-22　添加【IF 条件】活动、【分配】活动(1)

步骤 21:

(1) 在上述【IF 条件】活动的"Else"项目中,再添加一个【IF 条件】活动,"条件"设置为"比例＞1"。此活动表示当退货比例小于等于 2% 时,将再次进行判断,如图 3-6-23 中的❶所示。

(2) 在【IF 条件】活动下的"Then"项目中添加【分配】活动,"＝"左边的表达式为"供应商分数.Item(gysId)","＝"右边的表达式为"供应商分数.Item(gysId)-2",如图 3-6-23 中的❷所示。

此表达式的意思为,当退货率小于 2%,但大于 1% 时,字典"供应商分数"中,当前"gysId"对应的分数减去 2 分。

(3) 在【IF 条件】活动下的"Else"项目中添加【分配】活动,"＝"左边的表达式为"供应商分数.Item(gysId)","＝"右边的表达式为"供应商分数.Item(gysId)-1",如图 3-6-23 中的❸所示。

此表达式的意思为,当退货率小于 1% 时,字典"供应商分数"中,当前"gysId"对应的分数减去 1 分。

至此,整个【遍历循环】活动结束,通过对退货原材料的循环,所有供应商分数已经计算完毕并储存在字典"供应商分数中"。

步骤 22:

(1) 在上个【遍历循环】活动下方,添加【对于每一个行】活动,"遍历循环"下方输入"row",

图 3-6-23　添加【IF 条件】活动、【分配】活动(2)

"输入"下方输入"dt_供应商评估"。此步骤是让变量"row"在之前创建的数据表"dt_供应商评估"中的每一行遍历循环,如图 3-6-24 中的❶所示。

(2) 在【遍历循环】活动的"正文"部分添加【分配】活动,"＝"左边的表达式为"row.Item ("质量状况")","＝"右边的表达式为"供应商分数.Item(row.Item("供应商编号").ToString)",如图 3-6-24 中的❷所示。

表达式"row.Item("质量状况")"表示当前行"质量状况"的分数;表达式"供应商分数.Item(row.Item("供应商编号").ToString)"表示,在字典"供应商分数"中,以当前行的供应商编号为键对应的分数;通过【分配】活动,将字典中的分数赋值给"dt_供应商评估"中的"质量状况"项目。

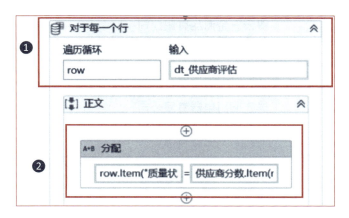

图 3-6-24　添加供应商评估【遍历循环】【分配】活动

步骤23：

在【对于每一个行】活动下方,添加【写入范围】活动,"工作簿路径"为"供应商评估表","工作表名称"为:"Sheet1","起始单元格"为:"A1","数据表"为"dt_供应商评估",并勾选"添加标头",如图3-6-25所示。

此活动是从工作簿"供应商评估表"中的"Sheet1"工作表中的"A1"单元格开始写入数据表"dt_供应商评估"中的数据。这样各供应商的评分就最终写入了"供应商评估表"中。

至此,整个序列结束。

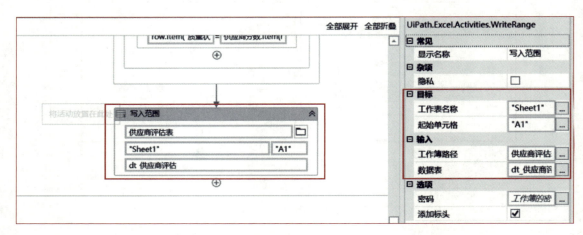

图3-6-25　添加供应商评估【写入范围】活动

步骤24：

在整个程序设置完成后,运行程序,依次选择"材料入库明细"和"供应商评估"表,待程序运行完成,打开"供应商评估"表,即可看到每个供应商的质量状况分数,如图3-6-26所示。

	A	B	C
1	供应商编号	供应商名称	质量状况
2	100012	湖北浩然电器有限公司	-4
3	100015	贺云五金制品有限公司	-4
4	100019	弘蒙雨具五金配件有限公司	0
5	100026	赣州安邦配件有限公司	-1
6	100029	深圳市英烟电器配件有限公司	0
7	100032	山东和丰五金制品有限公司	0
8	100034	吴江阳雨电器有限公司	0
9	100039	江苏临美五金制品有限公司	0
10	100043	浙江云上电器有限公司	-2
11			

图3-6-26　查看供应商评估表

【供应商评估机器人操作大纲】

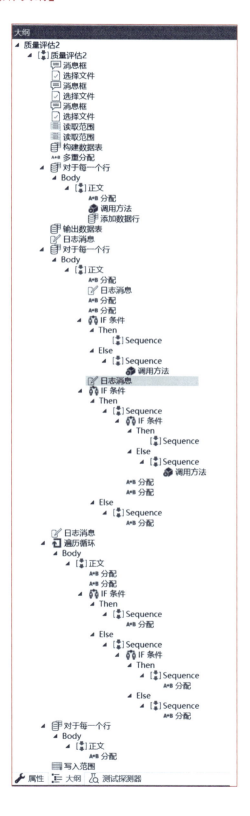

任务七　开发增值税发票查验机器人

🔽 知识学习目标
- 掌握发票查验机器人的业务流程和特点。
- 掌握发票查验业务需求分析的要点。
- 掌握发票查验机器人的开发和测试知识。

🔽 技能训练目标
- 能熟练应用和审核发票查验机器人。
- 能准确绘制发票查验机器人开发流程图。
- 能熟练应用【打开浏览器】活动、【IF 条件】活动、【Excel 写入行】活动等。
- 能独立完成发票查验机器人的开发和测试。

🔽 素质教育目标
- 能够通过对查验常见发票方法的学习,帮助学生养成明辨真伪、实事求是的工作态度。
- 能够通过对发票分类、统计方法的学习,培养学生精益求精、一丝不苟的敬业精神。
- 能够通过对发票查验重要性的学习,树立学生廉洁奉公、不求私利的廉洁精神。

任务描述

公司财务部门这周要组织部门成员外出团建活动,财务主管诸莞发了通知后,会计张芳找到了他。

张芳:"主管,我想向你请个假,这次团建活动我怕是去不了了。近期发生了一系列的采购和员工差旅费支出业务,我天天都会收到了一堆发票,我需要登录增值税发票查验平台逐一对发票进行查验。"

诸莞:"虽然发票查验步骤比较简单,但是千万不要轻视发票查验工作,要确保发票的真实性、企业报税的合法性,我们在接收到发票时,应第一时间对发票的真伪进行查验。那么现在查验发票的具体流程是什么,大约需要用多长时间?"

张芳:"一张发票需要录入发票代码、发票号码、开票日期、校验码等数据,查验后还要把查验结果登记到 Excel 文件中,实际操作中考虑到其他因素,一张发票的平均时间需要三分钟以上。"

诸莞:"工作一小时,也只能查 20 份,一天至少要花两个小时才能勉强完成这个工作,每天都要花一两个小时放在这个工作上实在是太可惜了。我一会儿联系下信息部的小王,让他找你开发一款机器人,实现自动录入信息和登记结果的功能。"

知识准备

开具增值税发票查验机器人,需要用到【遍历循环】活动、【对于每一行】活动、【构建数据表】活动、【IF 条件】活动、【打开浏览器】活动、【单击】活动、【获取文本】活动等,本任务仅重点认识【获取文本】活动。

【获取文本】活动的主要作用是从指定用户界面元素提取文本,其介绍如图3-7-1所示。

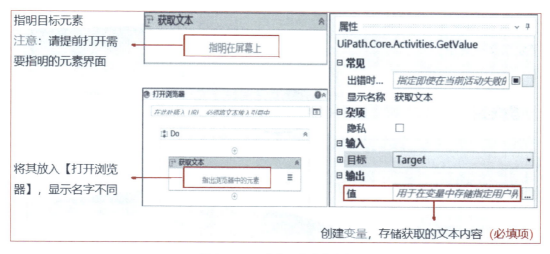

图3-7-1　【获取文本】活动

 任务实施

一、发票查验机器人的流程分析

（一）发票查验人工流程分析

（1）打开电子发票所在文件夹,并打开发票文件。

（2）打开浏览器并输入增值税发票查验平台网址,登录网页。

（3）根据发票上的信息,逐一录入发票代码、发票号码、开票日期、校验码、验证码等数据,点击查验功能。

（4）创建Excel表格,根据点击查验后显示的信息,将查验结果记录到Excel表格中。

（二）发票查验机器人RPA流程分析(图3-7-2)

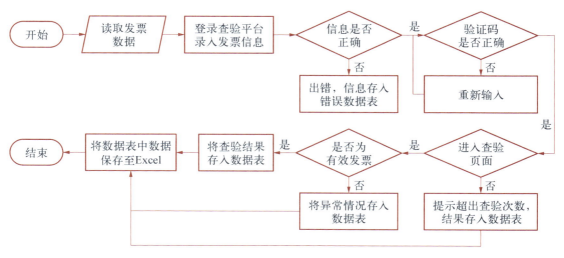

图3-7-2　发票查验机器人RPA流程分析

二、发票查验机器人的开发与实现

步骤1：准备要查验的电子发票。图3-7-3为两张增值税发票，均以PDF格式存储在电子发票文件夹中。

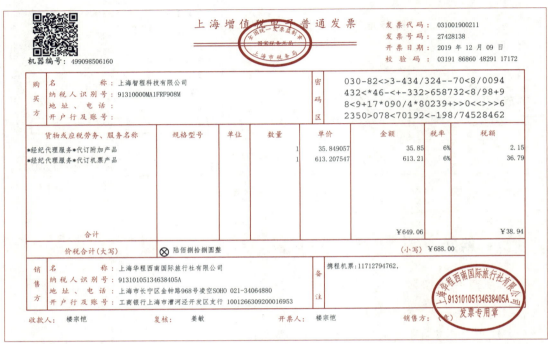

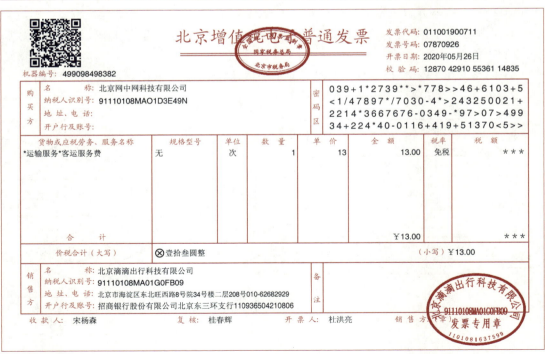

图3-7-3 增值税发票

步骤 2：新建序列，命名为"发票查验机器人"。

步骤 3：

（1）添加【选择文件夹】活动，选择电子发票文件所在的文件夹，并将文件夹路径赋值给变量"invoiceFolder"，如图 3－7－4 中的❶所示。

（2）添加【分配】活动，在"＝"左边单击鼠标右键创建变量"fileList"，输入表达式"Directory.GetFiles(invoiceFolder，"＊.pdf")"。如图 3－7－4 中的❷所示。这一步是通过"Directory.GetFiles(invoiceFolder，"＊.pdf")"代码将选择文件夹中，所有以 PDF 结尾的文件路径存储在变量"fileList"中。

（3）变量"fileList"的类型应设置为"String[ ]"，即文本列表，如图 3－7－4 中的❸所示。

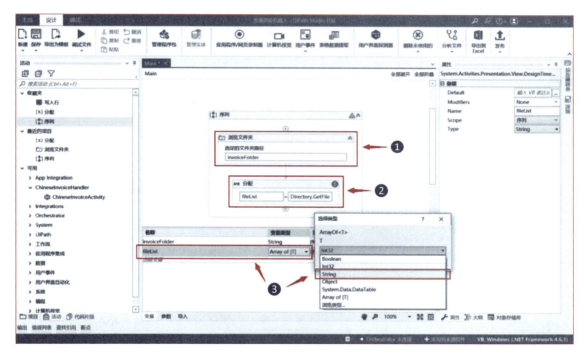

图 3－7－4　添加【选择文件夹】活动、【分配】活动，设置变量类型

步骤 4：

（1）在【分配】活动下方，添加【构建数据表】活动，依次添加列"发票代码""开票日期""发票号码""发票金额""发票校验码""发票保存地址""校验情况"，数据类型均为"String"，如图 3－7－5 中的❶所示。

（2）在属性面板"输出"数据表栏右键单击创建变量"invoiceDT"，将上方构建的数据表输出给"invoiceDT"。如图 3－7－5 中的❷所示。

（3）变量类型设置为"DataTable"，如图 3－7－5 中的❸所示。

步骤 5：

（1）在【构建数据表】活动下，添加【遍历循环】活动。输入表达式"fileList"，将自动生成的变量"item"修改为"file"；使得"file"在"fileList"中遍历循环。在属性"杂项—TypeArgument"处，将其修改为"String"，如图 3－7－6 中的❶所示。

（2）点击"管理安装包"，搜索"ChineseInvoiceHandler"安装并重启程序（保存之前的步骤后

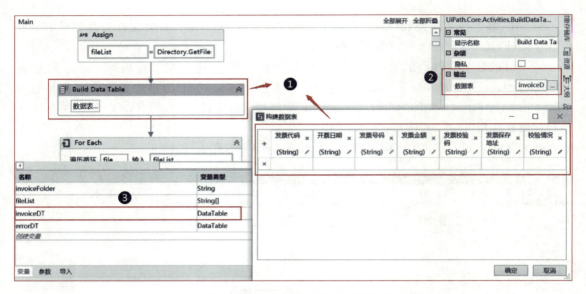

图 3-7-5 添加【构建数据表】活动,设置变量类型

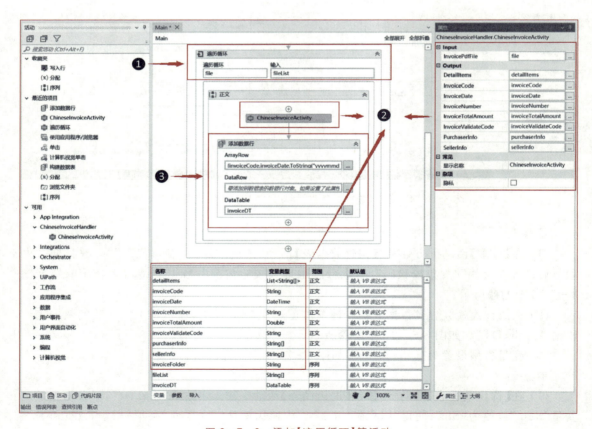

图 3-7-6 添加【遍历循环】等活动

重启程序）。在【遍历循环】活动的"正文"中添加【ChineseInvoiceActivity】活动，其属性中"InvoicePdfFile"选项即为选择以 PDF 格式存储的电子发票文件，输入变量"file"，表示此次循环中的 PDF 文件。

在输出项中，活动会依次输出发票的 detailItems（具体项目明细）、invoiceCode（发票代码）、invoiceDate（发票日期）、invoiceNumber（发票号码）、invoiceTotalAmount（合计金额）、invoiceValidateCode（发票校验码）、purchaserInfo（购买方名称）、sellerInfo（销售方名称），并以此为变量名存储，变量类型如图 3 − 7 − 6 中的❷所示。

（3）在【ChineseInvoiceActivity】活动下方，添加【添加数据行】活动。在属性面板，在"数据表"选项中输入"invoiceDT"，将识别出的发票信息输入数据表"invoiceDT"中。在"数组行"选项中输入表达式"{invoiceCode，invoiceDate. ToString（"yyyyMMdd"），invoiceNumber，invoiceTotalAmount，invoiceValidateCode. Replace（" "，""），file}"。其中，"invoiceDate. ToString（"yyyyMMdd"）"表示把发票日期调整为 8 位数的"年月日"格式，月份使用大写的 M 是为了和代表分钟的小写的 m 作为区别；"invoiceValidateCode.Replace（" "，""）"是把校验码中的空格用空来替换，起到取消空格让校验码是一长串数字的作用；"file"代表发票文件的路径，用于写入数据表"invoiceDT"中"发票保存地址"一项中，如图 3 − 7 − 6 中的❸所示。

步骤 6：

在【遍历循环】活动下方，添加【构建数据表】活动。在属性面板输出"数据表"项右键单击创建变量"errorDT"以承载后续查找出现错误的发票信息。数据列依次为："invoiceCode""invoiceDate""invoiceNumber""invoiceTotalAmount""invoiceValidateCode""filePath""result"，数据类型均为"String"，如图 3 − 7 − 7 所示。

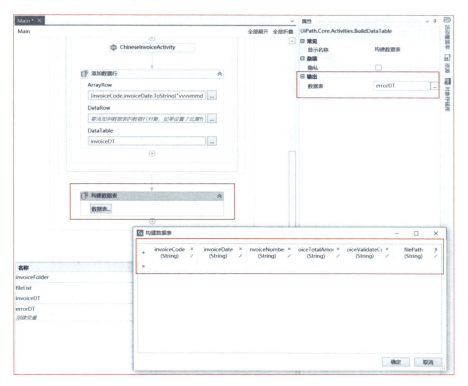

图 3 − 7 − 7　添加【构建数据表】活动

步骤 7：

在【构建数据表】活动下方，添加活动【打开浏览器】，使用 Chrome 浏览器打开国家税务总局全国增值税发票查验平台，网址为："https://inv-veri.chinatax.gov.cn/"，如图 3-7-8 所示。

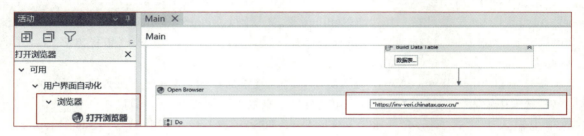

图 3-7-8　添加【打开浏览器】活动

步骤 8：

（1）在【打开浏览器】活动"Do"中添加活动【对于每一个行】活动，通过遍历发票数据所在数据表"invoiceDT"，让"row"依次储存每行的发票数据，如图 3-7-9 中的❶所示。

（2）在【对于每一个行】活动正文中，依次添加一个【输入信息】活动、两个【设置文本】活动，在网页上依次选择"发票代码""发票号码""开票日期"需要输入数据的位置。在两个【输入信息】活动的"属性—选项"中，勾选"定字段"功能，该功能在循环输入发票代码或号码时，能够将之前输入的信息删除，如图 3-7-9 中的❷所示。

（3）发票代码为"invoiceDT"数据表的第一列，所以是"row"包含数据的第一个内容，所以"row(0).ToString"就代表文本格式的发票代码，其中"row(0)"代表第一个内容，".ToString"代表将数据转换为文本格式。发票号码和开票日起依次为"row(2).ToString""row(1).ToString"，如图 3-7-9 中的❸所示。

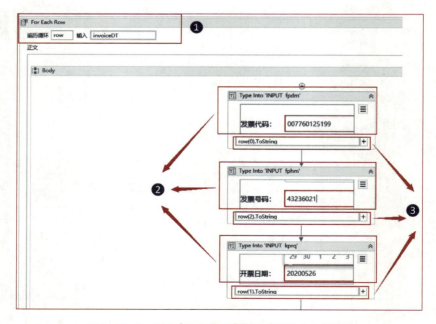

图 3-7-9　添加【输入信息】活动、【设置文本】活动

步骤9：

如果发票代码、发票号码、开票日期输入后右边显示错误的话，证明该输入的发票是无效发票，如图3-7-10所示。

图3-7-10　国家税务总局全国增值税发票查验平台页面

步骤10：

（1）在【设置文本】活动下方，依次添加三个【获取文本】活动，并指出浏览器指定判断文字位置，在属性面板的"输出"项创建变量"exist1""exist2""exist3"。该步骤使用【获取文本】活动来判断圈中的页面是否存在"发票代码有误！""发票号码有误！""开票日期有误！"等文字。如果存在以上文字，输出String型变量"exist1""exist2""exist3"，如图3-7-11中的❶所示。

（2）添加【IF条件】活动，使用"Or"函数将"exist1＝"发票代码有误！"""exist＝"发票号码有误！"""exis3＝"开票日期有误！""这三个判断连接，如果其中任意一个条件成立，那么【IF条件】活动的条件就成立，如图3-7-11中的❷所示。

（3）在【IF条件】活动的"Then"中添加【添加数据行】活动，在属性面板"数据表"项输入"errorDT"，在数组行中输入表达式"row.ItemArray"。当其中有一个为"True"时，即有一个存在错误时，就使用"row.ItemArray"语句将本次循环所在的"row"的所有数据输入到"errorDT"数据表中。如图3-7-11中的❸所示。

（4）添加【继续】活动，跳出当前循环。进行下一张发票的验证，如图3-7-11中的❹所示。

步骤11：

（1）当不存在上述错误时，查询程序将会继续进行。接下来在【IF条件】活动下方，添加【输入信息】活动。选中浏览器校验码处，在"输入文本"项输入表达式"row(4).ToString. Substring(row(4).ToString.Length－6)"，"属性—选项"中勾选"空字段"功能。其中此行数

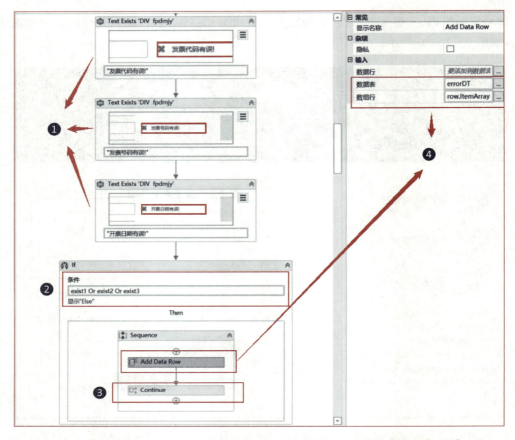

图 3-7-11　添加查询【获取文本】活动、【IF 条件】活动、【添加数据行】活动、【继续】活动

据中编号为 4 的为发票校验码,通过 Substring 函数从整个校验码位数-6 的位数开始往后提取字符,也就是校验码的后六位,如图 3-7-12 中的❶所示。

　　(2) 在【输入信息】活动下方,添加【分配】活动,在"="左边右键单击创建变量"isdo",在"="右边输入表达式"True",变量类型更改为"Boolean",作为后边【后条件循环】活动的条件,如图 3-7-12 中的❷所示。

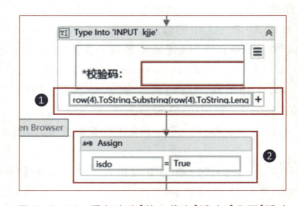

图 3-7-12　添加查询【输入信息】活动、【分配】活动

步骤12：

（1）在【对于每一个行】活动下方添加【后条件循环】活动，这是为了当输入错误验证码时能够重新输入，它会先执行序列里的程序。在这一步需要输入验证码，在正文中添加一个【输入对话框】活动，在属性面板，标签为"请输入图形验证码："，标题为"图形验证码，如果看不清，请点击图片刷新"，"输出"项单击右键创建变量"checkCode"，即对话框输入的内容输出为变量"checkCode"，如图 3-7-13 中的❶所示。

（2）添加【设置文本】活动，将变量"checkCode"包含的内容输入网页验证码框里，如图 3-7-13 中的❷所示。

（3）添加【单击】活动，浏览器元素可以是网页上的任意位置。因为输入验证码后需要单击一下网页，让网页收到验证码已输入的指令，如图 3-7-13 中的❸所示。

（4）添加【在图像出现时】活动，并截取查验按钮。网页上查验按钮最初是灰色不能点击的情况，当输完验证码可能需要几秒钟才会变成蓝色，当变成蓝色后再进行下方的活动，如图 3-7-13 中的❹所示。

（5）在【在图像出现时】活动"DO"中添加【单击】活动，单击网页上的查验按钮，如图 3-7-13 中的❺所示。

【温馨提示】

在查验变蓝后，就可以单击网页上的"查验"按钮了。

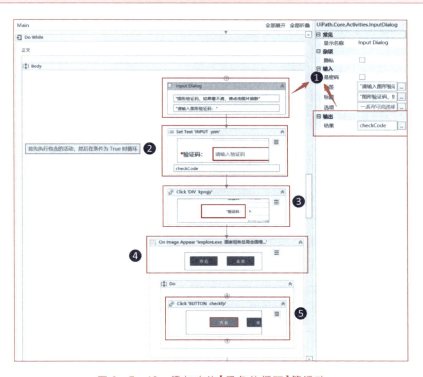

图 3-7-13　添加查询【后条件循环】等活动

步骤13：

在点击查验按钮后并不一定就能出现查询结果，有时会出现一些提示语，如图 3-7-14

所示,第一个和第二个提示代表验证码有误,需要重新输入,第三个提示代表当日发票查验次数已到上限,不能再继续查验了。

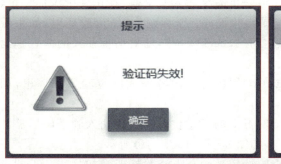

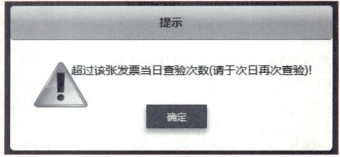

图 3 - 7 - 14 查验发票常见的几种异常提示

步骤 14:

(1) 在【在图像出现时】活动下方,添加【存在元素】活动,在属性面板,"输出"项创建变量"iserr"。因为三种提示窗口都是带有"提示"的消息框,所以使用【存在元素】活动在页面上查找消息框窗口包含"提示"的方框部分,如果能够查到,该活动返回布尔值"True",否则返回"False",并将此赋值给变量"iserr",如图 3 - 7 - 15 中的❶所示。

(2) 在【存在元素】活动下方,添加【IF 条件】活动,条件框输入"iserr",在"IF 条件"的"Else"中,添加【分配】活动,在"="左边输入"isdo","="右边输入"False",将变量"isdo"输入到【后条件循环】活动的"条件"项中,如图 3 - 7 - 15 中的❷所示。

添加【IF 条件】活动,如果"iserr"的值为"False",也就是单击查验按钮后没有显示提示窗口,也就是能够正常查询,就来到"Else"判断中,把循环输入验证码的"后条件循环"的条件"isdo"赋值为"False",相当于就跳出了该循环,继续执行后边的查询业务了。

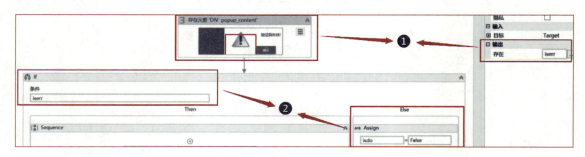

图 3 - 7 - 15 添加查询【存在元素】活动、【IF 条件】活动

步骤 15：

（1）在【IF 条件】活动的"Then"中，添加【获取文本】活动，选取提示窗口的提示语部分。在属性面板"输出"项创建变量"msgtxt"，即当存在提示窗口时，"iserr"为"True"，就会执行以上序列。【获取文本】活动，可以选取提示窗口的提示语部分，提取提示语文本并赋值给变量"msgtxt"，如图 3-7-16 中的❶所示。

（2）在【IF 条件】活动的"Then"中，【获取文本】活动下方，添加【IF 条件】活动，条件为："超过该张发票当日查验次数（请于次日再次查验）!".Equals(msgtxt)，判断提示语是否为"超过该张发票当日查验次数（请于次日再次查验）!"，如图 3-7-16 中的❷所示。

（3）如果上个判断成立，证明该发票本日已经不能查验，所以，通过添加【单击】活动点击"确认"按钮；然后"isdo"赋值为"False"，表示没有必要继续循环输入验证码；同时添加【分配】活动，将"row(6)＝"超过该张发票当日查验次数（请于次日再次查验）!""、将"invoiceDT"数据表中本次循环行的第 7 个数据也就是"校验情况"赋值为""超过该张发票当日查验次数（请于次日再次查验）!""；最后再添加【分配】活动，创建变量"continueFlag"赋值为"False"，但是默认值设定为"True"，为后边跳过后续步骤做准备，如图 3-7-16 中的❸所示。

（4）如果提示不是发票查验超数，那么就是因为验证码出错，在第二个【IF 条件】活动的"Else"中添加【单击】活动，点击"确认"按钮，继续循环输入验证码，直到正确为止，如图 3-7-16 中的❹所示。

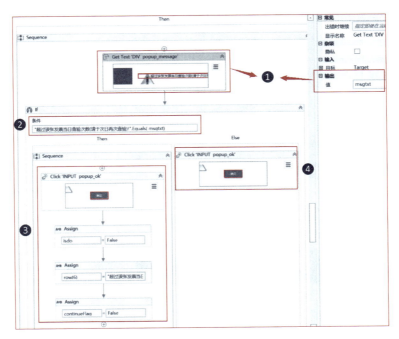

图 3-7-16　添加发票查验【获取文本】活动、【IF 条件】活动

步骤 16：

至此，【后条件循环】活动结束。在【后条件循环】活动下方，添加【IF 条件】活动，"条件"框输入变量"continueFlag"，如图 3-7-17 所示。我们已经将变量"continueFlag"设置为默认值"True"的布尔型变量，只有当发票查验次数过多时才会成为"False"，在此活动中，"False"没有添加任何活动，将直接跳过该活动。其他情况则会进入查询界面。

【温馨提示】

"Else"下无活动。

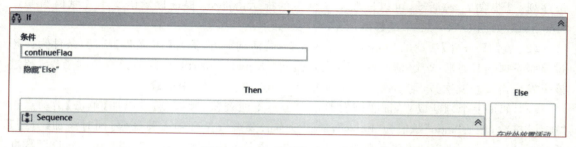

图 3-7-17　添加【IF 条件】活动

步骤 17：如图 3-7-18 所示，图中为查询界面的两种情况：❶ 如果是正规发票，那么会显示发票的具体信息，并显示当前的查验次数；❷ 如果不存在此发票或无效发票，那么左上角会显示查无此票。

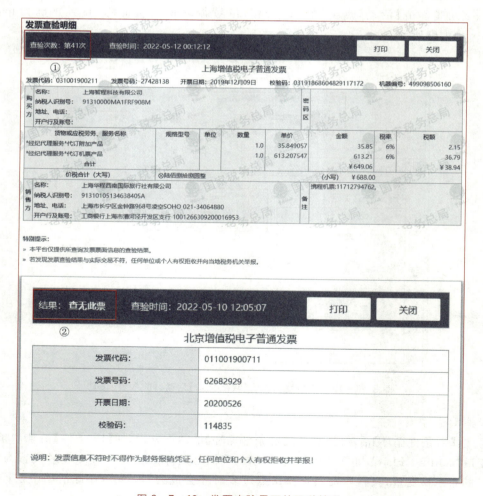

图 3-7-18　发票查验界面的两种情况

步骤 18：

（1）在【IF 条件】活动的"Then"下，添加【存在图像】活动，选择查找成功界面上以"查验次数："为中心圈中区域。在属性面板"输出"项创建变量"ifSuccess"。在【存在图像】活动下方，再添加一个【IF 条件】活动，条件框输入"ifSuccess"，如图 3－7－19 中的❶所示。

（2）在第二个【IF 条件】活动下的"Then"下，添加添加【分配】活动，在"＝"的左边输入"row（6）"，右边输入："已校验"。即如果"ifSuccess"的值为"True"，那么添加【分配】活动，将数据表"invoiceDT"当前循环行中的"row（6）"即第 7 个数据赋值为"已校验"，如图 3－7－19 中的❷所示。

（3）在第二个【IF 条件】活动下的"Else"下，添加【获取文本】活动，提取页面上的"查无此票"文字，在属性面板"输出"项创建变量"textContent"。如果"ifSuccess"的值为"False"，即查询页面不存在"查询次数"文字，也就是会出现查无此票的情况，那么【获取文本】活动会提取页面上的"查无此票"文字，并赋值给变量"textContent"，如图 3－7－19 中的❸所示。

（4）添加【分配】活动，在"＝"左边输入"row（6）"，在"＝"右边输入"textContent"。此活动将数据表"invoiceDT"当前循环行中的"row（6）"即第 7 个数据赋值为变量"textContent"，如图 3－7－19 中的❹所示。

（5）在第二个【IF 条件】活动下方添加【单击】活动，点击页面上的"关闭"按钮，如图 3－7－19 中的❺所示。

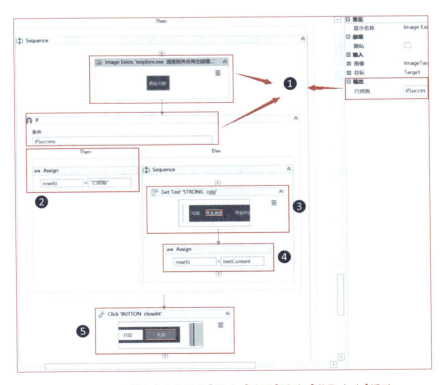

图 3－7－19　添加【存在图像】活动、【分配】活动、【获取文本】活动

步骤 19：

至此，【打开浏览器】活动结束，在【打开浏览器】活动下方，添加【写入范围】活动。工作簿路径设置为与发票所在文件相同的文件夹"invoiceFolder"内，并命名为"校验结果.xlsx"；写入的工作表名称为："Sheet1"，起始单元格为："A1"；数据来自数据表"invoiceDT"，如图 3-7-20 所示。

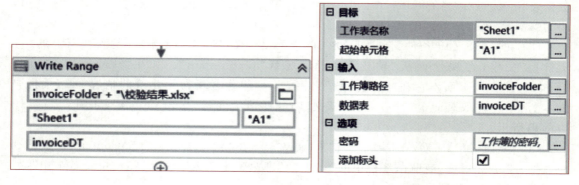

图 3-7-20 添加【写入范围】活动

步骤 20：

最后添加【消息框】活动，输入文字："机器人运行结束!"，如图 3-7-21 所示。

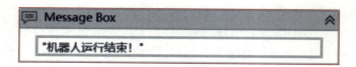

图 3-7-21 添加【消息框】活动

步骤 21：

在电子发票所在文件夹，打开生成的"校验结果.xlsx"文件，查验最后统计的结果，如图 3-7-22 所示。

发票代码	开票日期	发票号码	发票金额	发票校验码	发票保存	校验情况
031001900211	20191209	27428138	688	03191868604829117172	C:\Users\	已校验
011001900711	20200526	62682929	13	12870429105536114835	C:\Users\	查无此票

图 3-7-22 打开"校验结果.xlsx"文件

【增值税发票查验机器人操作大纲】

```
大纲
▲ Main
  ▲ [⁝] Sequence
    ▲ 🖿 Try Catch
      ▲ Try
        ▲ [⁝] Sequence
          ▲ 选择文件夹
            A⁼B 分配
            构建数据表
          ▲ 遍历循环
            ▲ Body
              ▲ [⁝] Body
                ChineseInvoiceActivity
                增加数据行
          构建数据表
          ▲ 打开浏览器
            ▲ Do
              ▲ 对于每一行
                ▲ Body
                  ▲ [⁝] Body
                    TI 输入信息
                    TI 输入信息
                    TI 输入信息
                    存在文本
                    存在文本
                    存在文本
                  ▲ If
                    ▲ Then
                      ▲ [⁝] Sequence
                        增加数据行
                        继续
                    TI 输入信息
                    A⁼B 分配
                  ▲ 后条件循环
                    ▲ Condition
                      VisualBasicValue<Boole...
                    ▲ Body
                      ▲ [⁝] Body
                        A 输入对话框
                        设置文本
                        单击
                        ▲ 在图像出现时
                          ▲ Body
                            ▲ [⁝] Do
                              单击
                        ▲ RepeatForever
                          Literal<Boolean>
                        存在元素
                        ▲ If
                          ▲ Then
                            ▲ [⁝] Sequence
                              T⁺ 获取文本
                              ▲ If
                                ▲ Then
                                  ▲ [⁝] Sequence
                                    单击
                                    A⁼B 分配
                                    A⁼B 分配
                                    A⁼B 分配
                                ▲ Else
                                  单击
                          ▲ Else
                            A⁼B 分配
                        ▲ If
                          ▲ Then
                            ▲ [⁝] Sequence
                              存在图像
                              ▲ If
                                ▲ Then
                                  A⁼B 分配
                                ▲ Else
                                  ▲ [⁝] Sequence
                                    T⁺ 获取文本
                                    A⁼B 分配
                              单击
          写入范围
      Catch<Exception>
      ▲ Finally
        消息框
🔧 属性　📋 大纲　🔬 测试探测器
```

模块四　更多拓展　开发商务机器人

模块导入

　　RPA 是一种通过软件机器人模拟人与计算机的交互过程,实现工作流程自动化执行的技术应用。其可以根据流程设定完成计算机操作,替代或辅助完成规则明确的重复性劳动,成为一种新兴的"数字劳动力",在各行业都有用武之地,能够实现企业普遍存在且日益增长的业务流程自动化需求。

　　从早期的批量处理脚本、屏幕抓取到 VBA 等,RPA 相关的自动化技术由来已久,传统的 RPA 可以执行简单的鼠标和键盘操作,随着 AI 技术的发展,RPA 与 AI 技术进一步结合,不断拓展了 RPA 的功能和可用性,如图像识别、文本识别等非结构化数据处理能力,可以在企业业务场景中执行更复杂的业务流程自动化,具备更广阔的应用价值。现阶段,RPA 技术已经较为成熟,能够带来流程效率提升的确定性回报。

　　RPA 在执行业务流程中具有许多优势,如快速灵活部署、高效率、高准确性和可追溯留痕等。RPA 是从 UI 层面进行"非侵入式"的系统连接,不影响原有 IT 架构,可以快速落地部署。相比人工执行,RPA 一般可以不间断工作,单个业务流程操作时间大幅缩短,大幅提升业务流程效率。RPA 处理业务流程的错误率几乎为零,可以有效降低人工操作带来的错误风险。作为软件平台,RPA 的所有业务操作都可以保留日志数据,可追溯留痕,确保安全合规。

　　RPA 在应用场景上具有很强的跨场景属性,目前各个行业或多或少的都存在大批量、重复性、机械化人工操作。除了财务领域之外,还广泛适用于人力资源、供应链与采购、客服、信息技术等领域。

　　本模块将重点介绍 RPA 在商务领域场景的应用:开发招聘岗位抓取机器人、批量发送和下载邮件机器人、企业信息采集机器人。通过讲解开发商务机器人,拓展对 RPA 适用领域的认识,进一步提高设计和开发 RPA 机器人的能力。

任务一　开发招聘岗位抓取机器人

● 知识学习目标

● 回顾【打开浏览器】活动、【输入信息】活动、【单击】活动、【数据抓取】活动的作用及使用方法。

● **技能训练目标**
- 能根据特定的业务场景,准确梳理人工流程。
- 能根据人工流程设计 RPA 流程。
- 能熟练绘制网页抓取自动化操作的流程图。
- 能独立完成招聘岗位抓取机器人的开发和测试。

● **素质教育目标**
- 通过岗位抓取机器人工作效率的认知,养成珍惜时间、提高效率的惜时精神。
- 通过岗位抓取机器人工作流程设计的学习,培养精益求精、一丝不苟的敬业精神。

 任务描述

大学生活美好而短暂,毕业成了每个同学都必须面对的现实。

"宁静,你工作找得怎么样了?"宁静的辅导员张老师问她。

"老师,还没找好呢,我在各大招聘网站查找和专业对口的招聘信息,但是感觉有些力不从心。"宁静回答道。

"遇到什么问题了吗?"张老师又问。

"嗯,我觉得浏览网页查找招聘岗位信息速度很慢,找到的岗位信息不知道是不是全面,我怕与合适的工作擦肩而过,还有,这么多的岗位信息很难汇总整理。"宁静说。

"宁静,你不是学习过 RPA 课程吗? 可以试试动手设计制作一个招聘岗位抓取机器人,让它来帮你查找、抓取、汇总、保存工作岗位信息。"

"要是能有个机器人来帮帮我,那可就太好了!"宁静高兴地回答道,"谢谢老师,我这就去研究研究。"

"快去吧,相信你一定能找到合适的工作的!"张老师鼓励她说,"以后遇到问题,也要乐观自信、敢于挑战,工作时要珍惜时间、精益求精!"

 知识准备

开发"招聘岗位抓取机器人"主要用到【打开浏览器】活动、【单击】活动、【输入信息】活动和【数据抓取】活动功能。因为这些活动和功能前面任务中已经认识,此处不再赘述。

 任务实施

一、招聘岗位抓取 RPA 机器人工作流程设计

进行"招聘岗位抓取机器人"开发之前,需要根据人工操作流程设计出 RPA 机器人的工作流程,之后根据工作流程进行机器人的具体开发和实现。

(一) 招聘岗位抓取人工流程分析

宁静分析了在招聘网站查找、抓取、汇总、保存工作岗位信息的人工操作步骤,总结如下:

（1）打开招聘网站。

（2）选择想要工作的城市。

（3）输入想要查询的岗位关键字。

（4）点击"搜索"按钮。

（5）在搜索结果中查看岗位信息。

（6）将岗位信息提取出来。

（7）将信息保存到 Excel 文件中。

（二）招聘岗位抓取 RPA 机器人流程分析(图 4-1-1)

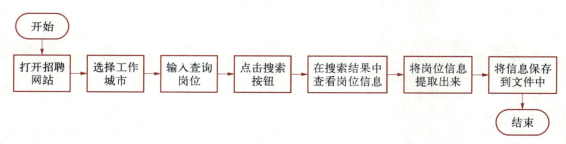

图 4-1-1　招聘岗位抓取 RPA 机器人流程分析

二、招聘岗位抓取 RPA 机器人的开发与实现

经过对 RPA 机器人工作流程分析,招聘岗位抓取 RPA 机器人就可以进行实际开发了,具体开发步骤如下:

步骤 1:新建流程项目,命名为"招聘岗位抓取机器人"。新建一个序列,命名为"招聘岗位抓取机器人"。

步骤 2:添加【打开浏览器】活动到序列中,输入网址:"https://jobs.51job.com",如图 4-1-2 所示,在属性面板中,浏览器类型选择"Chrome",如图 4-1-3 所示。

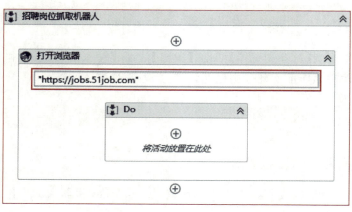

图 4-1-2　添加【打开浏览器】活动输入招聘网址

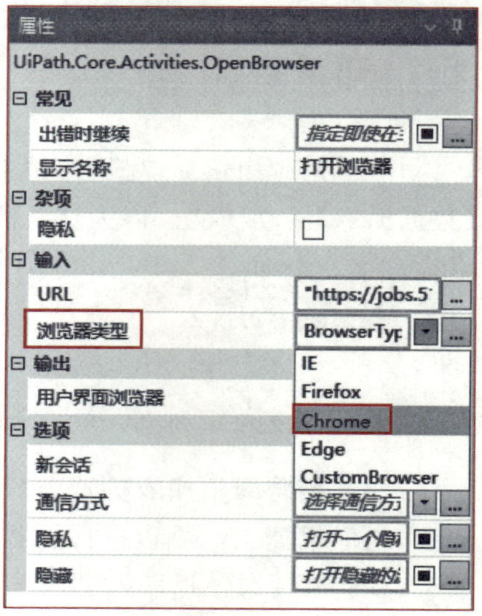

图 4-1-3　选择浏览器类型

步骤3：点击调试运行，查看浏览器是否成功打开网站，确认步骤2的操作是否正确。

步骤4：添加【单击】活动到序列中，点击"指出浏览器中的元素"，界面将切换到浏览器，在浏览器中选中工作地点，再次添加【单击】活动，重复刚才的操作，在浏览器中选中郑州，再次添加【单击】活动，在浏览器中选中确定按钮，如图4-1-4所示。

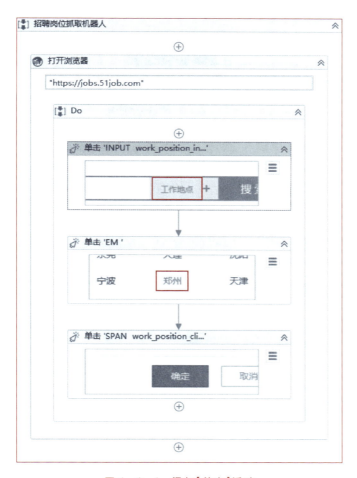

图4-1-4　添加【单击】活动

步骤5：添加【输入信息】活动到序列，在【输入信息】活动的文本框中输入："会计"，点击"—"号，在弹出的列表中选中"enter"，如图4-1-5所示。

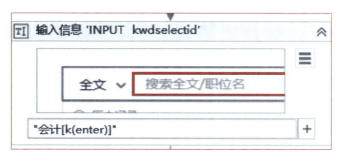

图4-1-5　添加【输入信息】活动

步骤6：添加【单击】活动到序列中，点击"指出浏览器中的元素"，界面将切换到浏览器，在浏览器中选中"搜索"按钮，如图4-1-6所示。

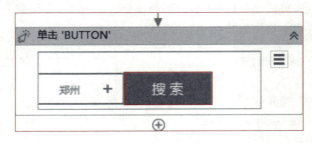

图4-1-6　选中"搜索"按钮

步骤7：在浏览器搜索框中输入"会计"，点击"搜索"按钮，显示搜索结果页面。

步骤8：点击菜单栏中的"数据抓取"，弹出"提取向导"对话框，点击"下一步"。

步骤9：界面切换到浏览器，选择第一个搜索结果的标题，如图4-1-7所示，之后再次弹出对话框，点击"下一步"。

图4-1-7　选择第一个搜索结果的标题

步骤10：界面切换到浏览器，选择第二个搜索结果的标题，在弹出对话框中，将文本列名称改为"招聘岗位"，选中提取URL，并将URL列名称改为"网址"，如图4-1-8所示，之后点击"下一步"。

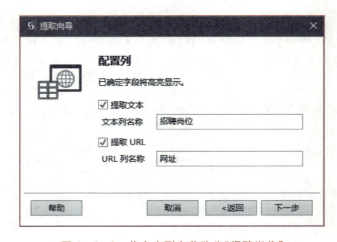

图4-1-8　将文本列名称改为"招聘岗位"

步骤 11：弹出预览数据对话框，点击"提取相关数据"按钮，根据提示，依次选择第一个搜索结果的公司名称、第二个搜索结果的公司名称，在弹出的对话框中，将文本列名称改为"公司名称"，如图 4-1-9 所示，点击"下一步"。

图 4-1-9　将文本列名称改为"公司名称"

步骤 12：重复刚才的步骤，分别选中"工资""工作地点""经验""学历"等。完成后效果如图 4-1-10 所示。

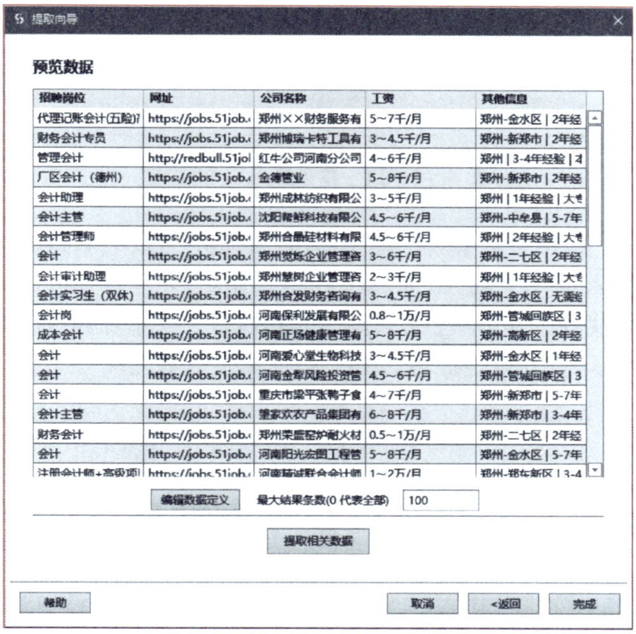

图 4-1-10　预览数据效果

步骤 13：点击预览数据对话框的"完成"按钮，弹出"指出下一个链接"对话框，点击"是"按钮，在浏览器搜索结果页的底部，选择"下一页"的图标，如图 4-1-11 所示，至此，数据抓取工作完成，效果如图 4-1-12 所示。

图 4 - 1 - 11 　 选中下一页图标

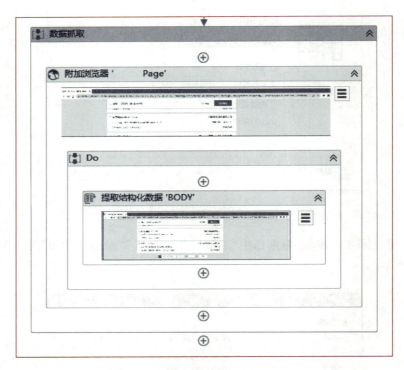

图 4 - 1 - 12 　 数据抓取工作完成

步骤 14：在 D 盘下创建一个 Excel 文件，命名为"jobs"，接下来将抓取的信息保存到 jobs 文件中，也可直接在写入范围中创建，即在文件路径中输入："D:\jobs.xlsx"。在活动面板中搜索【写入范围】活动，找到工作簿中的【写入范围】活动，将其添加到"序列"中。【写入范围】的设置如图 4 - 1 - 13 所示，打开属性面板，选中"添加标头"，如图 4 - 1 - 14 所示。

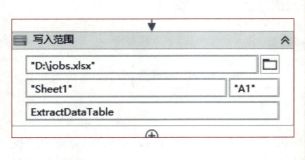

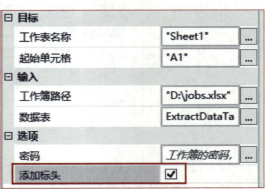

图 4 - 1 - 13 　【写入范围】设置　　　　　　　　图 4 - 1 - 14 　【写入范围】属性设置

步骤 15：在活动面板中搜索【消息框】活动，找到后将其添加到"序列"中，添加文字："完成了"，效果如图 4-1-15 所示。

至此，"招聘岗位抓取机器人"开发完成，可以点击菜单栏中的"调试文件"按钮进行测试。点击按钮后，程序开始运行，运行速度与计算机的配置有关，直到弹出对话框，显示"完成了"，

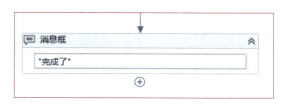

图 4-1-15　添加【消息框】活动

表示程序调试完毕，此时打开 jobs 文件，可以看到，自动抓取的信息已经保存到了文件中，如图 4-1-16 所示。

招聘岗位	网址	公司名称	工资	其他信息			
财务会计	https://job	河南展博	3~4.5千/月	郑州-高新区 | 3-4年经验 | 大专 | 招1人			
行政文员/	https://job	孟州市华	3~4.5千/月	郑州-中原区 | 1年经验 | 大专 | 招2人			
会计	https://job	郑州东锋	3.5~6千/月	郑州 | 2年经验 | 本科 | 招2人			
会计助理	https://job	河南金鹏	3~4.5千/月	郑州 | 1年经验 | 大专 | 招1人			
财务会计	https://job	广州华迪	6~8千/月	郑州-管城回族区 | 3-4年经验 | 大专 | 招1人			
财务会计	https://job	郑州路发	4.5~6千/月	郑州-管城回族区 | 3-4年经验 | 大专 | 招1人			
财务会计	https://job	华融融达	0.5~1万/月	郑州-郑东新区 | 2年经验 | 本科 | 招1人			
销售会计	https://job	周黑鸭华	3~5千/月	郑州 | 1年经验 | 大专 | 招1人			
会计	https://job	河南豫见	4~6千/月	郑州 | 3-4年经验 | 大专 | 招1人			
会计	https://job	河南邦宁	4.5~6千/月	郑州-管城回族区 | 2年经验 | 中技/中专 | 招2人			
急招代理	https://job	河南金牌	4~8千/月	郑州-金水区 | 1年经验 | 大专 | 招若干人			
高薪诚聘	https://job	河南万安	4~8千/月	郑州-管城回族区 | 1年经验 | 大专 | 招2人			
会计兼助	https://job	郑州时代	3~4.5千/月	郑州-新郑市 | 1年经验 | 大专 | 招若干人			
会计助理	https://job	河南全媒	3.5~4.5千/月	郑州-金水区 | 1年经验 | 大专 | 招1人			
实习会计	https://job	郑州隆沃	2.5~4千/月	郑州-管城回族区 | 无需经验 | 大专 | 招3人			
会计/财务	https://job	河南航一	5~9千/月	郑州 | 2年经验 | 招2人			
会计	https://job	河南国康	4.5~6千/月	郑州-经开区 | 2年经验 | 大专 | 招1人			
招聘会计/	https://job	丹东景飞	5~7千/月	郑州-经开区 | 3-4年经验 | 大专 | 招3人			
省交建--项	https://job	东方今典	2.5~5千/月	河南省 | 2年经验 | 大专 | 招10人			
出纳/会计	https://job	河南鼎元	3~4.5千/月	郑州 | 1年经验 | 本科 | 招1人			
税务筹划	https://job	河南慧算	0.8~1万/月	郑州-金水区 | 2年经验 | 大专 | 招5人			

图 4-1-16　抓取信息保存到 Excel 文件

【招聘岗位抓取机器人操作大纲】

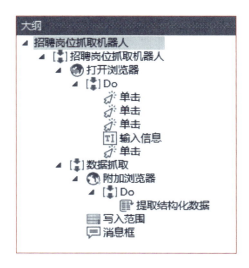

任务二　开发批量发送和下载邮件机器人

 知识学习目标

- 了解 Email 网页客户端和软件客户端的使用。
- 了解 RPA 操作 Email 的原理。
- 掌握开启 SMTP、POP3 传输协议的方式。
- 掌握【发送 SMTP 邮件消息】活动的作用及使用方法。
- 掌握【获取 POP3 邮件消息】活动的作用及使用方法。
- 掌握【保存附件】活动的作用及使用方法。

技能训练目标

- 能根据特定的业务场景，准确梳理人工流程。
- 能根据人工流程设计 RPA 流程。
- 能熟练绘制批量发送和下载邮件的流程图。
- 能独立完成批量发送和下载邮件机器人的开发和测试。

素质教育目标

- 通过引导学生了解机器人需求方的工作需求，培养学生善解人意、换位思考的沟通能力。
- 通过机器人操作的学习，养成学生认真细致、一丝不苟的工作态度。

任务描述

　　宁静是一名在校大学生，使用自己制作的"招聘岗位抓取机器人"，很快在心仪的公司找到了一份满意的工作，现在她是一名办公室工作人员。对于新进入职的她来说，每天都要收发很多电子邮件。

　　王经理："宁静，你的日常工作，有一部分是根据咱们公司电子邮件的模板发送邮件，还有就是下载符合指定关键字主题邮件的附件。"

　　宁静："好的，经理。"

　　王经理："应该没有什么问题吧？"

　　宁静："嗯，就是模板里有这么多内容，需要逐一复制、粘贴邮件收件人、主题、邮件内容，以及添加附件，然后发送，感觉速度会很慢、容易出错，例如一不小心把要发给客户 A 的邮件发送给了客户 B，再想撤回就比较麻烦了。另外，要想从收到的那么多邮件里筛选出符合指定关键字主题的邮件再下载附件，感觉也非常耗费时间，还很容易遗漏某些邮件。"

　　王经理："你说得很对，人工操作确实容易出现你说的那些问题。不过，RPA 机器人可以高效准确地收发邮件，可以试着制作一个'批量发送和下载邮件机器人'来辅助工作。"

　　宁静："对呀！我们可以开发两个 RPA 机器人，一个负责发送邮件，一个负责下载邮件，这样就可以从重复的工作中解脱出来。"

知识准备

电子邮件(Email)是一种用电子手段提供信息交换的通信方式,是互联网应用很广泛的服务。通过电子邮件系统,使得人们可以在任何时间、任何地点以低廉甚至免费的价格、快速高效的方式交换信息,大大提高了信息交换效率,极大地方便了人与人之间的沟通与交流。

Email 较之以往的邮件有许多优点,不仅可以发送文字,还可以发送图像、声音、视频等多种形式的内容。Email 被广泛用于政府、企业、教育等行业的各类应用环境中,促进了社会的发展。在大量实际业务环境中,许多业务流程都是由接收 Email 或发送 Email 来触发的。

发送和接收 Email 可以使用网页版客户端,例如常用的 QQ 邮箱、网易邮箱、搜狐邮箱等,也可以使用专有的软件客户端,例如常用的 Outlook、Exchange、Foxmail 等。

Email 的发送和接收需要使用电子邮件协议来完成,常用的协议有以下几种:

(1) SMTP(Simple Mail Transfer Protocol),即简单邮件传输协议,用于发送 Email。

(2) POP3(Post Office Protocol-Version 3),即邮局传输协议,用于接收 Email。

(3) IMAP(Internet Message Access Protocol),即 Internet 邮件访问协议,用于接收 Email。

一、开启邮件服务协议

Email 服务商在用户开通账户时,出于安全原因默认关闭上面提到的电子邮件协议。如果想使用 RPA 发送和接收 Email,就必须要先开启这些协议。本任务以 QQ 邮箱为例。

【例 4-2-1】开启 QQ 邮箱的 POP3/SMTP 服务,操作步骤如下:

步骤 1:打开 QQ 邮箱首页,网址为"https://mail.qq.com",输入账号、密码,登录邮箱。

步骤 2:点击"设置",如图 4-2-1 所示。

图 4-2-1　登录邮箱

步骤 3:点击"账户",如图 4-2-2 所示。向下拖动界面至"POP3/IMAP/SMTP/Exchange/CardDAV/CalDAV 服务"的位置,开启邮件服务,如图 4-2-3 所示。

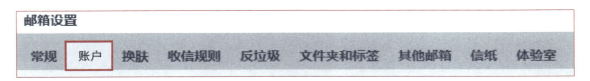

图 4-2-2　点击"账户"

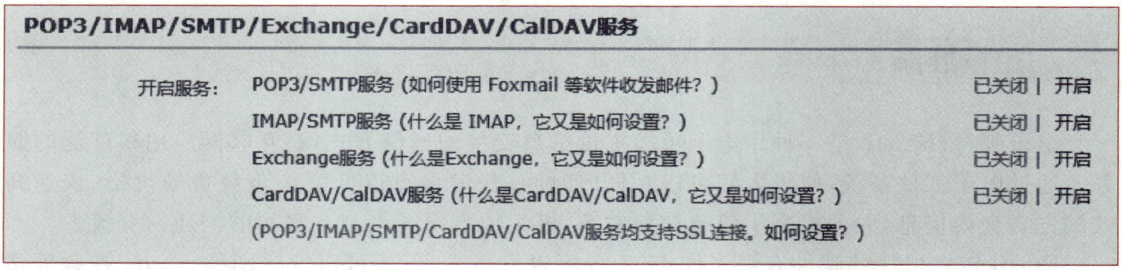

POP3/IMAP/SMTP/Exchange/CardDAV/CalDAV服务
开启服务:
POP3/SMTP服务 (如何使用 Foxmail 等软件收发邮件?)
已关闭 | 开启
IMAP/SMTP服务 (什么是 IMAP，它又是如何设置?)
已关闭 | 开启
Exchange服务 (什么是Exchange，它又是如何设置?)
已关闭 | 开启
CardDAV/CalDAV服务 (什么是CardDAV/CalDAV，它又是如何设置?)
已关闭 | 开启
(POP3/IMAP/SMTP/CardDAV/CalDAV服务均支持SSL连接。如何设置?)

图 4－2－3　开启邮件服务

步骤 4：选择“POP3/SMTP 服务”，点击“开启”，如图 4－2－4 所示。弹出如图 4－2－5 所示窗口，通过绑定的密保手机编辑短信：“配置邮件客户端”，发送至“1069070069”。

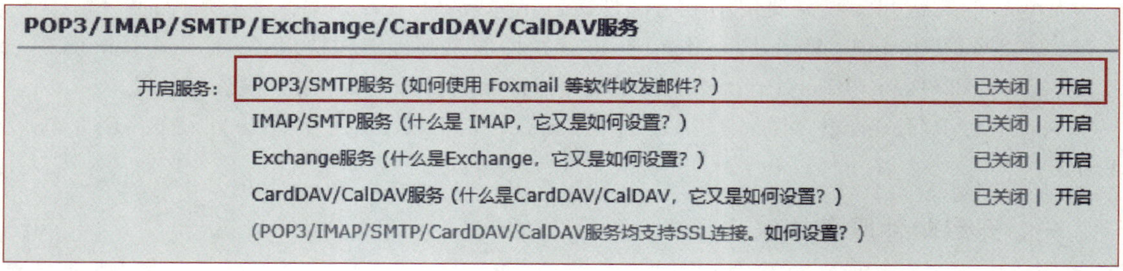

POP3/IMAP/SMTP/Exchange/CardDAV/CalDAV服务
开启服务:
POP3/SMTP服务 (如何使用 Foxmail 等软件收发邮件?)
已关闭 | 开启
IMAP/SMTP服务 (什么是 IMAP，它又是如何设置?)
已关闭 | 开启
Exchange服务 (什么是Exchange，它又是如何设置?)
已关闭 | 开启
CardDAV/CalDAV服务 (什么是CardDAV/CalDAV，它又是如何设置?)
已关闭 | 开启
(POP3/IMAP/SMTP/CardDAV/CalDAV服务均支持SSL连接。如何设置?)

图 4－2－4　开启 POP3/SMTP 服务协议

验证密保
短信验证
请先用密保手机
发短信，然后点"我已发送"按钮
发短信：配置邮件客户端
到号码：1069 0700 69
短信费用
短信用不了?
验不了,试试其他
我已发送

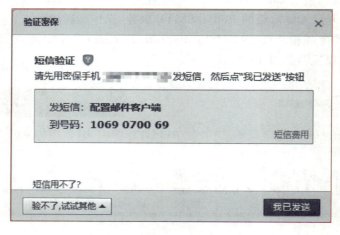

图 4－2－5　发送短信

步骤 5：短信发送完毕后，点击右下角的“我已发送”。之后会弹出一个显示 16 位的授权码窗口，如图 4－2－6 所示。

步骤 6：将 16 位授权码记录下来。

【温馨提示】

如果要开启 QQ 邮箱其他服务协议，如 IMAP/SMTP，开启方法可以参照 POP3 服务协议的开启过程。用户可拥有多个授权码，不要将授权码告诉其他人。

图 4 - 2 - 6　获得授权码

二、查看 UiPath 是否已经安装邮件相关活动

UiPath 提供了支持 SMTP、POP3 和 IMAP 协议的相关活动,可以在"活动"面板中的"可用"栏目下,点击"应用程序集成",再点击"邮件"进行查看,如图 4 - 2 - 7 所示。

图 4 - 2 - 7　UiPath 与邮件相关的活动

图 4 - 2 - 8　搜索"邮件"查看相关活动

在 UiPath Studio 的活动面板中搜索"邮件",可以得到很多与邮件相关的活动,归结起来大致可以分为五类,分别是"获取消息""发送消息""移动消息""删除消息"及"通用"活动(保存附件、保存邮件消息等),如图 4-2-8 所示。

【例 4-2-2】查看 UiPath 是否已经安装邮件相关的活动,步骤如下:

步骤 1:新建一个流程项目,项目名称为"邮件机器人"。新建序列,命名为"邮件练习 1"。

步骤 2:点击活动面板,在活动面板中搜索"邮件"(或"mail"),查看是否有相关活动(Activities),效果如图 4-2-8 所示。

步骤 3:如果没有搜索到邮件相关的活动,可以点击导航栏中的"管理程序包",如图 4-2-9 所示。

图 4-2-9 导航栏"管理程序包"

步骤 4:在"所有包"中搜索"mail",单击下载符,安装 UiPath.Mail.Activities,如图 4-2-10 所示。

图 4-2-10 安装邮件相关的活动

步骤 5:安装完毕后,再次执行步骤 2,查看搜索结果。

【任务实训】

请参照【例 4-2-1】和【例 4-2-2】,开通 QQ 邮箱的电子邮件服务协议,并检查 UiPath 是否已经安装邮件相关的活动。

三、【发送 SMTP 邮件消息】活动

【发送 SMTP 邮件消息】活动的作用是通过 SMTP 协议将邮件信息发送到指定的邮箱，详细介绍如图 4-2-11 所示。

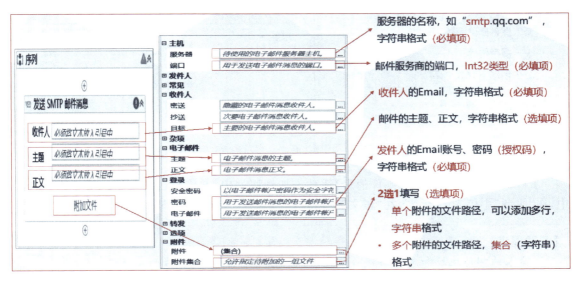

图 4-2-11　【发送 SMTP 邮件消息】活动介绍

不同邮件服务商的服务器地址和端口不同，可以通过网上查询。常用邮件服务商腾讯 QQ 邮箱和网易 163 邮箱地址和端口如表 4-2-1 所示。

表 4-2-1　常用邮件服务商服务器地址和端口

邮件服务商	协议类型	协议功能	服务器地址	非 SSL 端口号	SSL 端口号
腾讯 QQ 邮箱	SMTP	发送邮件	smtp.qq.com	25	465/587
	POP3	接收邮件	pop.qq.com	110	995
	IMAP	接收邮件	imap.qq.com	143	993
网易 163 邮箱	SMTP	发送邮件	smtp.163.com	25	465/994
	POP3	接收邮件	pop.163.com	110	995
	IMAP	接收邮件	imap.163.com	143	993

【例 4-2-3】使用 UiPath 给自己发一封电子邮件，并带有附件，下面以腾讯 QQ 邮箱为例进行讲解，步骤如下：

步骤 1：在【例 4-2-2】的基础上进行操作，在活动面板中找到【发送 SMTP 邮件消息】活动，效果如图 4-2-12 所示。

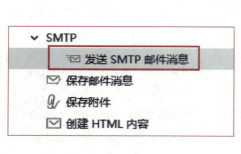

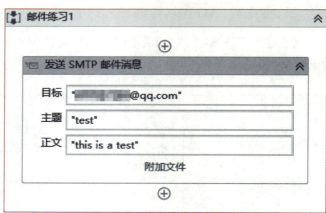

图 4 - 2 - 12 【发送 SMTP 邮件消息】活动 　　图 4 - 2 - 13 　添加【发送 SMTP 邮件消息】活动到序列中

步骤 2：将【发送 SMTP 邮件消息】活动添加到序列中，并将自己的邮箱地址填入"目标"中，在"主题"中填入："test"，在"正文"中填入："this is a test"。如图 4 - 2 - 13 所示。

【温馨提示】
　　输入的邮件地址和文字内容必须是带双引号的字符串格式，否则会报错。

步骤 3：在属性面板中，对服务器、端口、目标、密码、电子邮件进行设置，服务器和端口可以在表 4 - 2 - 1 中查找获得，端口号可以使用"25"，也可以使用"465"，收件人中的目标，本案例为自己的邮件地址，登录中的密码填 16 位授权码，电子邮件填自己的 QQ 邮件地址。设置如图 4 - 2 - 14 所示。

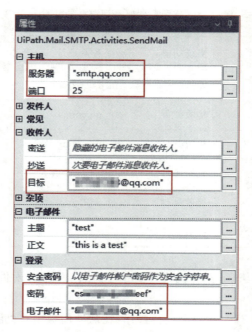

图 4 - 2 - 14 　【发送 SMTP 邮件消息】活动属性设置

　　收件人中的目标为接收邮件用户的地址,因本案例是给自己发邮件,因此发送和接收都是自己的邮件地址。登录中的密码指的是 16 位授权码,不是登录密码;电子邮件指的是自己登录 QQ 邮箱的账号,一般为自己的 QQ 邮箱地址。端口号可以使用"25"或者"465",但如果使用 SSL 安全协议,则端口号必须使用"465"。

　　步骤 4:添加邮件附件,点击"附加文件",在打开的对话框中输入附件的路径,再点击"确定",如图 4 - 2 - 15 所示。

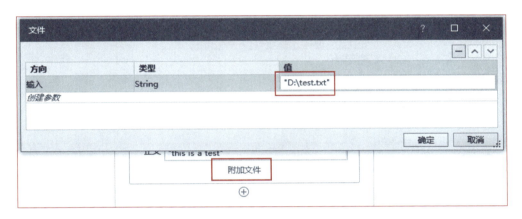

图 4 - 2 - 15　添加邮件附件

　　附件的路径可以通过鼠标右键单击文件,选择"属性",在打开的属性面板中选择"安全"选项,即可获得该附件的完整路径,如图 4 - 2 - 16 所示。复制此路径后粘贴到图 4 - 2 - 15 中值对应的区域中。

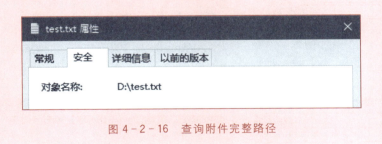

图 4 - 2 - 16　查询附件完整路径

　　步骤 5:添加【消息框】活动到序列中,并在消息框中添加文字"发送完成",效果如图 4 - 2 - 17 所示。
　　步骤 6:点击菜单栏中的"调试文件"按钮进行测试,查看运行的结果,检查自己的邮箱是否收到一封新的邮件。

图 4 - 2 - 17　添加【消息框】活动

【任务实训】

　　参照案例 4 - 2 - 3,给自己的同桌发一封电子邮件,邮件主题和正文自己定义,并带有一个附件。运行程序后,询问同桌是否收到通过 UiPath 发送的电子邮件。

四、【获取 POP3 邮件消息】活动和【保存附件】活动

　　【获取 POP3 邮件消息】活动的作用是通过 POP3 协议获取收到的邮件信息,详细介绍如图 4 - 2 - 18 所示。

图 4 - 2 - 18　【获取 POP3 邮件消息】活动

　　【获取 POP3 邮件消息】从邮箱中获取的很可能是多封 Email,用于存储这些 Email 的变量类型为"List＜MailMessage＞"。MailMessage 中包含了一封 Email 的各种属性,如 Subject

（主题）、Body（正文内容）、Sender（发送者）等。当输入 List＜MailMessage＞类型的变量"Mail."后，会出现一个下拉框，可以选择获取其不同的属性内容。

【保存附件】活动的作用是保存目标邮件的附件到指定的本地文件夹，详细介绍如图4-2-19所示。

图 4-2-19　【保存附件】活动

【例 4-2-4】使用 UiPath 读取【例 4-2-3】中的电子邮件，并将附件下载到指定文件夹，步骤如下：

步骤 1：新建序列，命名为"邮件练习 2"。

步骤 2：在活动面板中找到【获取 POP3 邮件消息】活动，并添加到序列中，效果如图4-2-20所示。

图 4-2-20　查找【获取 POP3 邮件消息】活动并添加到序列中

步骤 3：添加两个变量 mails 和 mail，mails 的变量类型为"List＜MailMessage＞"，mail的变量类型为"MailMessage"，效果如图 4-2-21 所示。

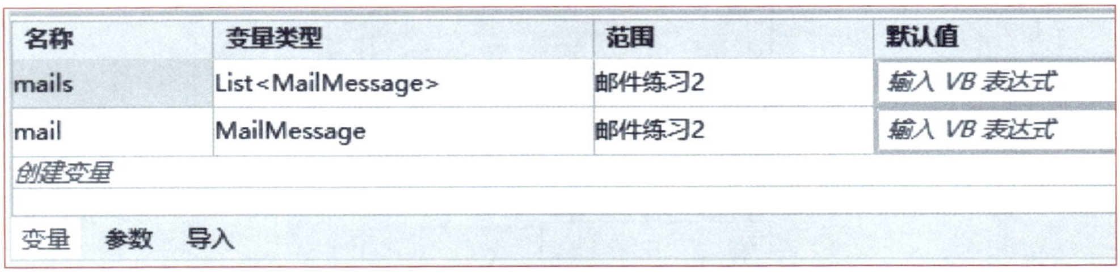

名称	变量类型	范围	默认值
mails	List<MailMessage>	邮件练习2	输入 VB 表达式
mail	MailMessage	邮件练习2	输入 VB 表达式
创建变量			
变量　参数　导入			

图 4-2-21　添加 mails 和 mail 变量

【温馨提示】

变量"mails"和"mail"不是一般的数据类型,设置时需要选择浏览类型进行查找,如图4-2-22所示。

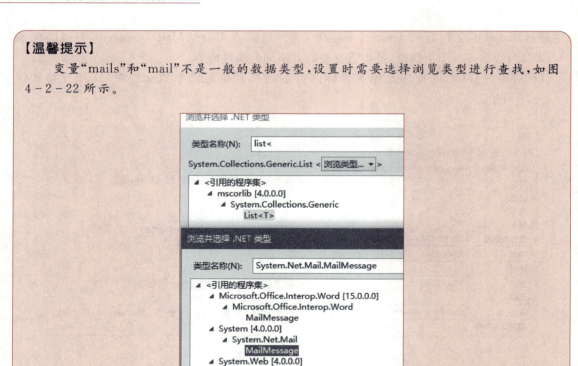

图 4-2-22 设置变量类型

步骤4:在属性面板中,对服务器、端口、密码、电子邮件、消息、顶部进行设置,设置如图4-2-23所示。

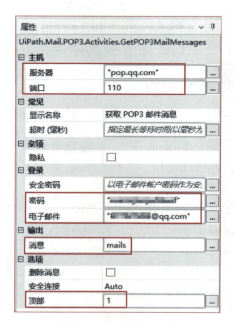

图 4-2-23 【获取 POP3 邮件消息】活动属性设置

步骤 5：添加【遍历循环】活动到序列中，并将变量 mail 和 mails 填入遍历循环中。

步骤 6：添加【保存附件】活动到序列中，填入变量 mail 和附件下载后保存的文件夹路径，效果如图 4-2-24 所示。

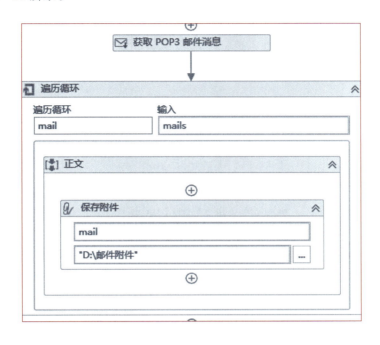

图 4-2-24　添加【遍历循环】活动和【保存附件】活动

步骤 7：点击菜单栏中的"调试文件"按钮进行测试，查看运行的结果，检查邮件附件是否下载成功。

 任务实施

一、批量发送邮件 RPA 机器人工作流程设计

在进行"批量发送邮件机器人"开发之前，需要根据人工操作步骤，设计出 RPA 机器人的工作流程，之后根据工作流程进行机器人的具体开发和实现。

(一) 批量发送邮件人工流程分析

宁静分析了批量发送邮件的人工操作流程，总结如下：

(1) 输入账号、密码，登录邮箱。

(2) 输入收件人账号、主题、正文。

(3) 点击"添加附件"，选择附件文件。

(4) 点击"发送"。

(5) 重复第(2)步至第(4)步，直到所有邮件发送完毕。

经过分析不难看出，如果有 n 个收件人，就需要重复 $3n$ 个步骤，需要大量的时间来处理。因为步骤是重复的，因此可以利用 UiPath 制作一个机器人来自动完成批量邮件的发送。

（二）批量发送邮件 RPA 机器人流程分析（图 4-2-25）

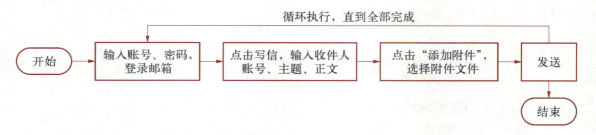

图 4-2-25　批量发送邮件 RPA 机器人流程分析

二、批量发送邮件 RPA 机器人的开发与实现

根据工作流程分析的结果就可以进行 RPA 机器人的实际开发了，具体开发步骤如下：

步骤 1：确认 QQ 邮箱已经开通 SMTP、POP3 服务协议，已经获得授权码。

步骤 2：新建项目，命名为"批量发送邮件机器人"；新建一个序列，命名为"批量发送邮件机器人"。

步骤 3：在活动面板查找【输入对话框】活动，并添加到序列中，创建变量"发件人账号"，数据类型为"String"。在属性面板进行设置，如图 4-2-26 所示。

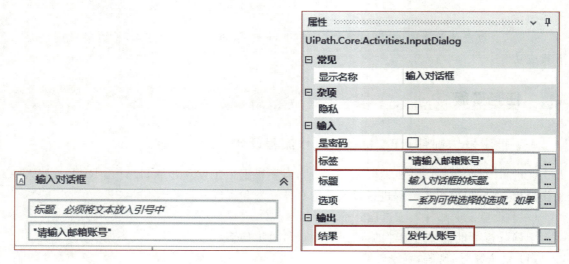

图 4-2-26　设置发件人账户

步骤 4：再次添加【输入对话框】活动，创建变量"发件人密码"，数据类型为"String"。在属性面板进行设置。如图 4-2-27 所示。

步骤 5：在活动面板查找【消息框】活动，并添加到序列中，并输入""请选择批量发送邮件模板""，如图 4-2-28 所示。

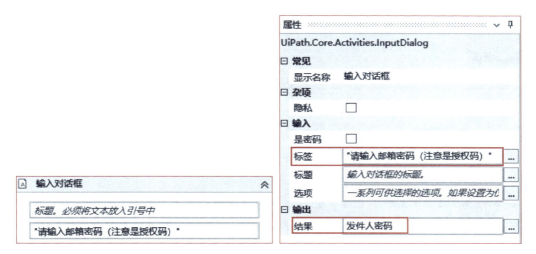

图 4 - 2 - 27　设置发件人密码

图 4 - 2 - 28　选择发送邮件模板消息框

步骤 6：在活动面板查找【选择文件】活动，并添加到序列中，创建变量"file_批量发送邮件信息表"，变量类型为"String"。将变量填写在属性面板中的选择的文件。如图 4 - 2 - 29 所示。

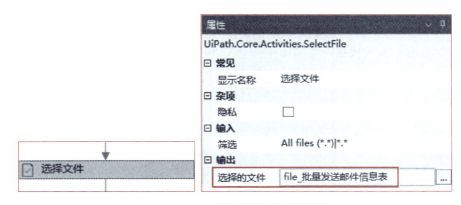

图 4 - 2 - 29　选择发送邮件模板文件

步骤 7：添加【消息框】活动，并输入""请选择存放附件的文件夹""。

步骤 8：添加【选择文件夹】活动，创建变量"folder_附件"，变量类型为"String"。将变量填写在属性面板中的选择的文件，如图 4 - 2 - 30 所示。

【温馨提示】

　　输入的"folder_附件"是变量，不需要加上双引号。

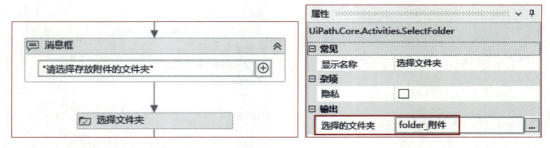

图4-2-30　选择附件

步骤9：添加【分配】活动，创建变量"files_附件"，变量类型为"String[]"。在"＝"左边输入变量"files_附件"，"＝"右边输入表达式"Directory.GetFiles(folder_附件，"＊资金收支计划＊")"。效果如图4-2-31所示。

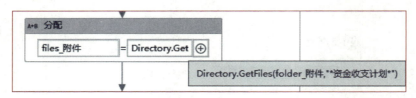

图4-2-31　添加【分配】活动

【温馨提示】

"＊资金收支计划＊"中的＊表示通配符，附件的文件名中包含"资金收支计划"，测试时需要提前准备好这样的文件。

步骤10：添加工作簿中的【读取范围】活动，创建变量"data_收件人"，变量类型为"DataTable"，在属性面板属性设置如图4-2-32所示。

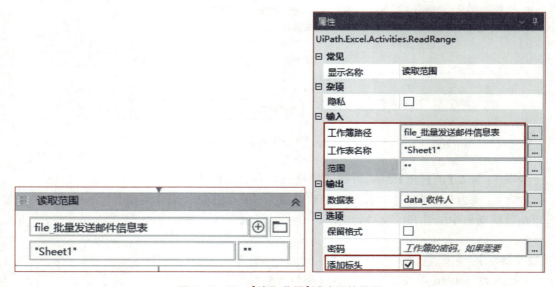

图4-2-32　【读取范围】活动属性设置

步骤 11：添加【对于每一个行】活动，输入变量"data_收件人"，如图 4-2-33 所示。

图 4-2-33　【对于每一个行】活动设置

步骤 12：添加【发送 SMTP 邮件消息】活动到【对于每一个行】活动的正文中。在属性"主机—服务器"输入："smtp. qq. com"（不同的邮箱服务器不同，如果是 163 邮箱，则为"smtp. 163.com"）；"主机—端口"输入"465"；"收件人—目标"输入"row(0). ToString"；"电子邮件—主题"输入"row(1). ToString"；"电子邮件—正文"输入"row(2). ToString"；"登录—密码"输入变量"发件人密码"；"登录—电子邮件"输入变量"发件人账号"；"附件—附件集合"输入变量"files_附件"，如图 4-2-34 所示。

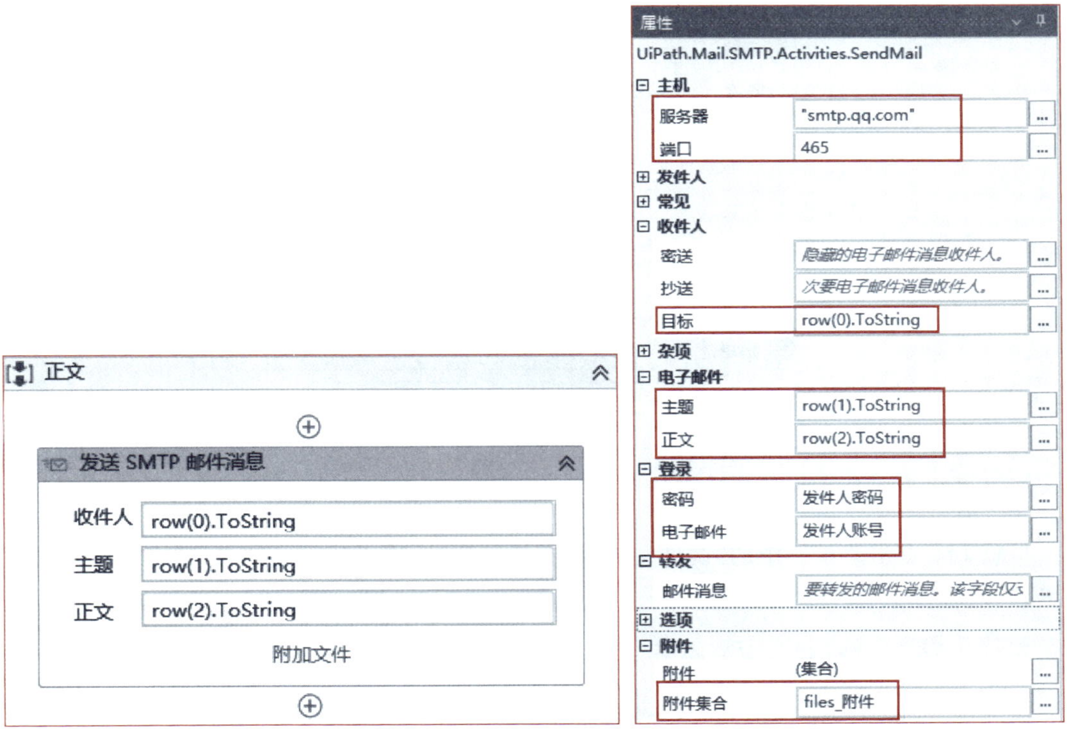

图 4-2-34　添加【发送 SMTP 邮件消息】活动

【温馨提示】

发送邮件测试时，需要提前准备模板文件，模板文件内容第一列为收件人邮箱，第二列为主题，第三列为正文，"row(0). ToString"中的"0"表示文件内容的第一列，即收件人，以此类推。因此，三列顺序不能调整。文件内容如图 4-2-35 所示。

	A	B	C
1	收件人	主题	正文
2	▓▓▓▓@qq.com	主题1	正文1
3	▓▓▓▓@qq.com	主题2	正文2
4	▓▓▓▓@qq.com	主题3	正文3
5	▓▓▓▓@qq.com	主题4	正文4
6	▓▓▓▓@qq.com	主题5	正文5
7	▓▓▓▓@qq.com	主题6	正文6

图 4 - 2 - 35　批量发送邮件模板

步骤 13：添加【消息框】活动，输入文字""发送完成""。注意，要添加到循环的外面，如图 4 - 2 - 36 所示。

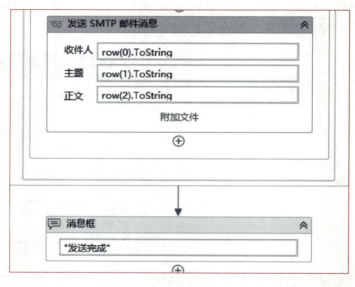

图 4 - 2 - 36　发送完成消息框

步骤 14：点击菜单栏中的"调试文件"按钮进行测试，查看运行的结果，检查邮件是否批量发送成功。

三、批量下载邮件 RPA 机器人工作流程设计

在进行"批量下载邮件机器人"开发之前，需要根据人工操作步骤，设计出 RPA 机器人的工作流程，之后根据工作流程进行机器人的具体开发和实现。

（一）批量下载邮件人工流程分析

宁静分析了批量下载邮件机器人的人工操作流程，总结如下：

（1）输入账号、密码，登录邮箱。

（2）点击"收件箱"。

（3）查看邮件主题，如果主题不符合则查看下一封邮件；如果主题符合指定的关键字，则打开邮件。

（4）下载附件到指定文件夹。

（5）重复（3）和（4），直到查找完指定范围内的所有邮件。

经过分析不难看出，如果在 n 封邮件范围内查找指定主题的邮件，需要大量的时间来处理。因为步骤是重复的，因此可以利用 UiPath 制作一个机器人来自动批量下载邮件的附件。

（二）批量下载邮件 RPA 机器人流程分析（图 4-2-37）

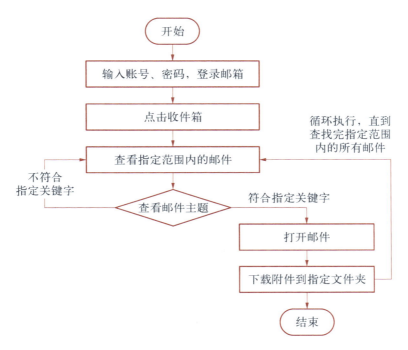

图 4-2-37　批量下载邮件 RPA 机器人流程分析

四、批量下载邮件 RPA 机器人的开发与实现

经过 RPA 机器人工作流程分析，RPA 机器人就可以进行实际开发了，具体开发步骤如下：

步骤 1：确认 QQ 邮箱已经开通 SMTP、POP3 服务协议，且已经获得授权码。

步骤 2：新建项目，命名为"批量下载邮件机器人"；新建一个序列，命名为"批量下载邮件机器人"。

步骤 3：在活动面板查找【消息框】活动，并添加到序列中，输入""请选择附件存放的位置""。

步骤 4：在活动面板查找【选择文件夹】活动，并添加到序列中，创建变量"folder_附件"，变量类型为"String"。将变量填写在属性面板中的选择的文件中，如图 4-2-38 所示。

步骤 5：在活动面板查找【输入对话框】活动，并添加到序列中，创建变量"收件人账号"，数据类型为"String"。在属性面板进行设置，在"输入—标签"中输入""请输入收件人的邮箱账号""，在"输出—结果"处输入变量"收件人账号"，如图 4-2-39 所示。

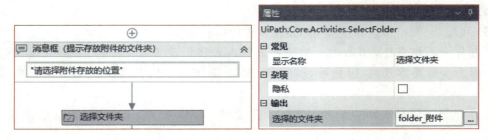

图4-2-38 添加【选择文件夹】活动

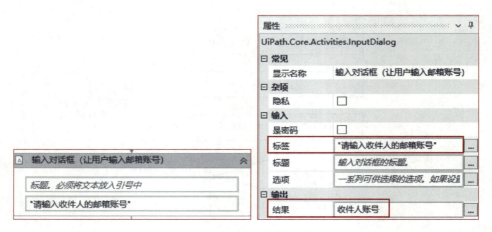

图4-2-39 设置收件人账户

步骤6：再次添加【输入对话框】活动，创建变量"收件人密码"，数据类型为"String"。在属性面板进行设置，在"输入—标签"中输入："请输入收件人的邮箱密码（授权码）"，在"输出—结果"处输入变量"收件人密码"，如图4-2-40所示。

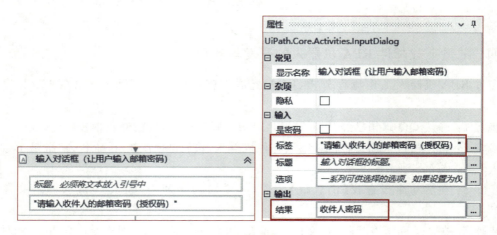

图4-2-40 设置收件人密码

步骤7：再次添加【输入对话框】活动，创建变量"邮件主题"，数据类型为"String"。在属性面板进行设置，在"输入—标签"中输入""请输入指定的主题""，在"输出—结果"处输入变量"邮件主题"，如图4-2-41所示。

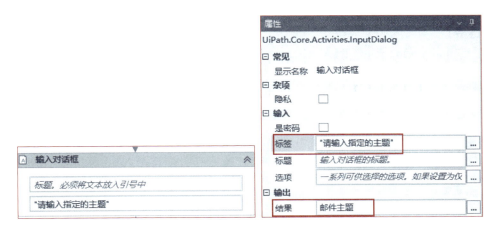

图 4 - 2 - 41　设置邮件主题

步骤 8：添加【获取 POP3 邮件消息】活动。创建变量"mails"，变量类型为"List ＜MailMessage＞"。在属性"主机—服务器"输入：" pop.qq.com"（不同的邮箱服务器不同，如果是 163 邮箱，则为""pop.163.com""）；"主机—端口"输入"110"；"登录—密码"输入变量"收件人密码"；"登录—电子邮件"输入变量"收件人账号"；在"输出—消息"处输入变量"mails"，默认查找最新的 30 封邮件，可以根据需要自行设置。如图 4 - 2 - 42 所示。

图 4 - 2 - 42　设置获取 POP3 邮件消息活动

【知识链接】
　　变量"mails"的设置，参看【例 4 - 2 - 4】中图 4 - 2 - 21。

　　步骤 9：添加【遍历循环】活动，输入变量"mails"，如图 4 - 2 - 43 所示。

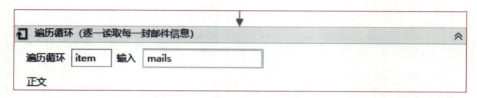

图 4 - 2 - 43　添加【遍历循环】活动

　　步骤 10：在【遍历循环】活动的正文中添加【IF 条件】活动，输入条件"item. Subject. Contains(邮件主题)"。如图 4 - 2 - 44 所示。

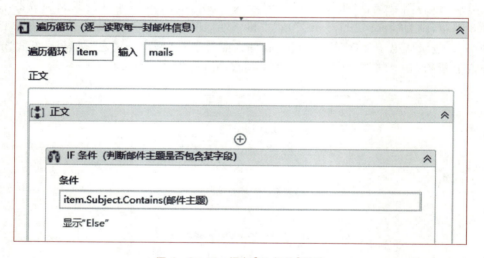

图 4 - 2 - 44　添加【IF 条件】活动

【温馨提示】
　　"item. Subject. Contains"(邮件主题)中的"item"表示每一封邮件，"Subject"表示邮件的主题，"Contains"表示包含什么内容，这里指的是包含变量邮件主题。

　　步骤 11：在【IF 条件】活动的"Then"中添加【保存附件】活动，在属性面板进行设置，在"输入—文件夹路径"中输入变量"folder_附件"；在"输入—消息"中输入"item"。如图 4 - 2 - 45 所示。

【知识链接】
　　【保存附件】活动的设置，参看图 4 - 2 - 19 的详细介绍。

　　步骤 12：添加【消息框】活动，输入文字："全部完成"。注意，要添加到循环的外面，如图 4 - 2 - 46 所示。

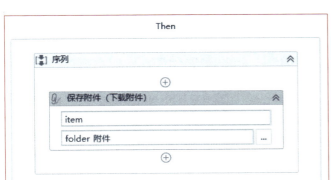

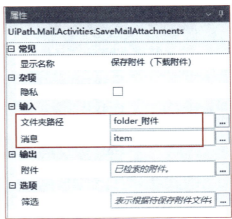

图 4-2-45　添加【保存附件】活动

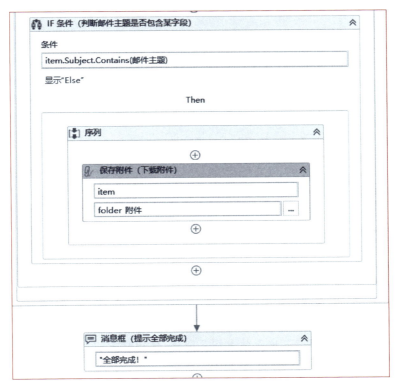

图 4-2-46　添加全部完成消息框

步骤13：点击菜单栏中的"调试文件"按钮进行测试，查看运行的结果，检查邮件的附件是否成功下载到指定的文件夹。

【批量发送邮件机器人操作大纲】

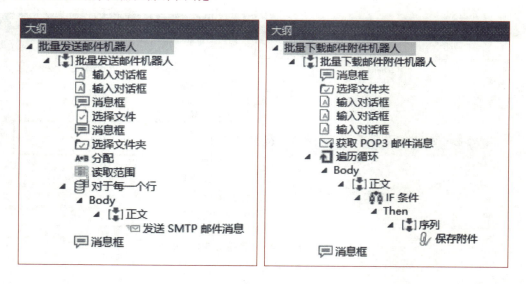

任务三　开发企业信息采集机器人

◆ 知识学习目标

- 了解查询企业信息的方法。
- 掌握【读取范围】活动、【附加范围】活动、【对于每一个行】活动的使用。
- 掌握【打开浏览器】活动、【输入信息】活动的使用。
- 掌握【单击】活动、【获取文本】活动的使用。
- 掌握【构建数据表】活动、【添加数据行】活动、【终止进程】活动的使用。

◆ 技能训练目标

- 能根据特定的业务场景，准确梳理人工流程。
- 能根据人工流程设计 RPA 流程。
- 能熟练绘制企业信息采集的流程图。
- 能独立完成企业信息采集机器人的开发和测试。

◆ 素质教育目标

- 通过企业关键信息的讲解，培养学生恪尽职守、保守秘密的职业操守。
- 通过机器人流程设计操作，培养学生认真细致、一丝不苟的工作态度。

任务描述

宁静所在的公司为了拓展客户资源、扩大业务范围，王经理交给宁静一项新的任务。

王经理："宁静，这有一个企业信息表格，里面有咱们公司想要合作拓展的企业名称，你看看能不能在网上找一下企业的联系电话和电子邮箱，然后把这些信息汇总到表格里。"

宁静："好的。"打开企业信息表格后，又说："王经理，这里面有这么多企业。"

王经理："是呀，有什么问题吗？"

宁静："嗯，我需要根据企业名称去网上搜索企业的联系电话和电子邮箱，然后再把这些内容汇总起来。这么多企业肯定需要花费很多时间，操作不仅重复，还必须认真细致，一不小心，把 A 公司的电话填到 B 公司就出错了。"

王经理："是的，不过 RPA 机器人可以实现自动抓取信息并保存到文件中，可以试试看，能不能制作一个'企业信息采集机器人'。"

宁静："对呀！RPA 机器人可以自动读取文件信息，之后在网站搜索、采集、汇总和保存企业信息，这样就可以大幅提高工作效率。"

 知识准备

开发"企业信息采集机器人"需要用到【为浏览器添加 Uipath 扩展程序】活动、【Excel 文件的相关活动】活动、【网页操作的相关活动】活动、【网页元素选取】活动等操作。因为【网页元素选取操作】前面任务未说明，本任务重点说明。

一、网页相关的操作

为了实现 UiPath 对网页内容的自动化操作，必须在浏览器上安装 UiPath 扩展程序。

二、网页元素选取操作

企业信息需要从网页采集，采集目标是针对不同的公司的相同信息，比如企业统一社会信用代码等。可以在【打开浏览器】活动中添加【点击】活动，以此来选择页面上的内容。

【例 4-3-1】通过浏览器在企查查网站查询"企查查科技有限公司"的企业信息。步骤如下：

步骤 1：打开浏览器，输入网址：https://www.qcc.com。

步骤 2：注册账号，并登录。

步骤 3：搜索框中输入"企查查科技有限公司"，查看搜索结果。

步骤 4：在搜索结果中找到该公司的"统一社会信用代码"。

【任务实训】

　　请同学们根据【例 4-3-1】，注册企查查网站账号并登录，通过企查查网站查询其他自己感兴趣的公司。

【例 4-3-2】使用 UiPath 查询"企查查科技有限公司"的统一社会信用代码。步骤如下：

步骤 1：新建一个流程项目，项目名称为"查询企业统一社会信用代码"。新建序列，命名为"查询企业统一社会信用代码"。

步骤 2：从活动面板查找【输入对话框】活动，并添加到序列中。创建变量"公司名称"，变量类型为"String"，在属性面板"输出—结果"中输入变量"公司名称"，如图 4-3-1 所示。

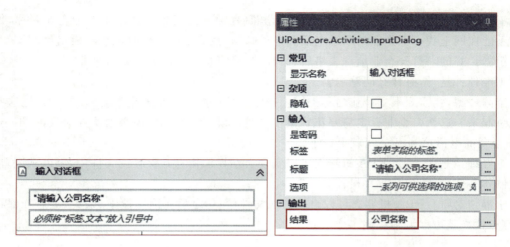

图 4-3-1　添加【输入对话框】活动

步骤 3：添加【打开浏览器】活动，输入企查查网站的网址""https：//www.qcc.com""。在属性面板，设置"浏览器类型"为"Chrome"，如图 4-3-2 所示。

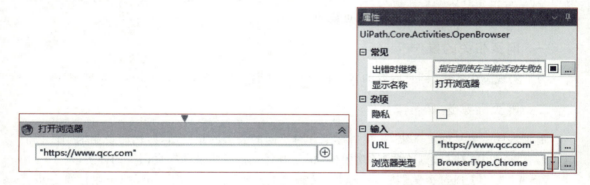

图 4-3-2　添加【打开浏览器】活动并设置

步骤 4：添加【最大化窗口】活动，以便更好地抓取网页元素。

步骤 5：添加【输入信息】活动，输入变量"公司名称"，并点击右侧的"＋"号，选择"enter"，设置完成如图 4-3-3 所示。

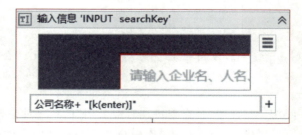

图 4-3-3　添加【输入信息】活动并设置

步骤 6：点击菜单栏"调试文件"，输入公司名称，查看是否能够正常运行，如果显示搜索结果，则表示运行成功。

　　步骤7：添加【获取文本】活动，创建变量"统一社会信用代码"，变量类型为"String"。在属性面板"输出—值"中输入变量"统一社会信用代码"，如图4-3-4所示。点击"指出浏览器中的元素"，在打开的页面中选择"统一社会信用代码"。如图4-3-5所示。

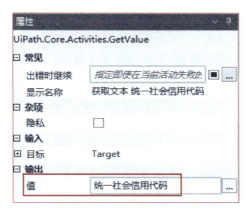

图4-3-4　添加【获取文本】活动并设置

图4-3-5　在页面中选择元素

　　步骤8：添加【消息框】活动，输入变量"统一社会信用代码"，如图4-3-6所示。

图4-3-6　添加【消息框】活动

　　步骤9：点击菜单栏"调试文件"，查看运行是否正常，运行结果如图4-3-7所示。

图4-3-7　运行效果

图 4-3-8　程序报错

【例 4-3-3】使用【例 4-3-2】编写的程序，在程序运行开始时，若输入其他公司的名称，等待运行后，程序将出现报错，如图 4-3-8 所示。

本案例将在【例 4-3-2】的基础上，修改程序，实现查询不同公司的统一社会信用代码。步骤如下：

步骤 1：参照【例 4-3-2】的程序，重命名为"查询企业统一社会信用代码"。

步骤 2：修改【获取文本】活动，点击活动右侧的"▤"图标，在弹出的菜单中选择"在用户界面探测器中打开"，如图 4-3-9 所示。打开"用户界面探测器"，如图 4-3-10 所示。

图 4-3-9　修改【获取文本】活动

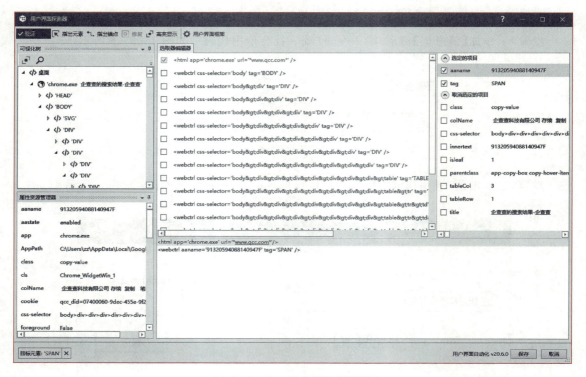

图 4-3-10　用户界面探测器

步骤 3：观察打开的"用户界面探测器"底部，如图 4 - 3 - 11 所示。如果发现"aaname"或"idx"，则表示选择页面元素时，固定为某个元素，此时如果换一个公司，会找不到"aaname"中的内容，因此报错。为了实现查询不同公司的信息，需要去除掉"aaname"或者"idx"。通过尝试选择"用户界面探测器"右边的"选定的项目"和"取消选定的项目"来改变底部的值，直到不使用"aaname"和"idx"，也能使"验证"按钮为绿色时，如图 4 - 3 - 12 所示，点击"保存"按钮，回到 UiPath 界面。

```
<html app='chrome.exe' url='*www.qcc.com*'/>
<webctrl aaname='91320594088140947F' tag='SPAN' />
```

图 4 - 3 - 11　用户界面探测器底部

```
<html app='chrome.exe' url='*www.qcc.com*'/>
<webctrl tag='SPAN' class='copy-value' isleaf='1' tableCol='3' tableRow='1' />
```

图 4 - 3 - 12　修正用户界面探测器底部

步骤 4：点击菜单栏"调试文件"，在对话框中输入其他公司名称，查看运行结束后是否能够获得对应公司的统一社会信用代码。如果不成功，则需要回到步骤 3，重新进行调试。

【任务实训】
　　请根据【例 4 - 3 - 2】和【例 4 - 3 - 3】，开发一个通用的查询企业统一社会信用代码机器人，试着查询自己感兴趣的公司。

 任务实施

一、企业信息采集 RPA 机器人工作流程设计

在进行"企业信息采集机器人"开发之前，需要根据人工操作步骤，设计出 RPA 机器人的工作流程，之后根据工作流程进行机器人的具体开发和实现。

（一）企业信息采集人工流程分析
宁静分析了企业信息采集的人工操作流程，总结如下：
（1）打开企业信息文件。
（2）打开企查查网站。
（3）查看企业名称。
（4）在网站搜索企业名称并查看搜索结果。
（5）在搜索结果中找到企业电话和邮箱。
（6）将企业电话和邮箱汇总到信息表中。
（7）重复（3）到（6），直到所有企业搜索完毕。

经过分析不难看出，如果有 n 个企业，就需要重复 $4n$ 个步骤，需要大量的时间来处理。因为步骤是重复的，因此可以利用 UiPath 制作一个机器人来自动完成企业信息采集的工作。

（二）企业信息采集 RPA 机器人工作流程分析（图 4-3-13）

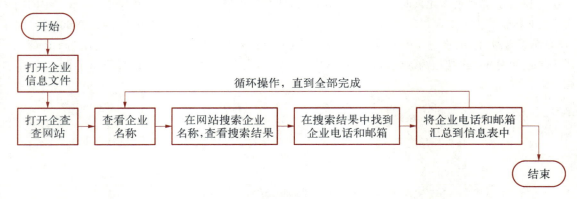

图 4-3-13　企业信息采集 RPA 机器人工作流程分析

二、企业信息采集 RPA 机器人的开发与实现

根据对 RPA 机器人工作流程分析的结果就可以进行 RPA 机器人的实际开发，具体开发的步骤如下：

步骤 1：新建流程项目，命名为"企业信息采集机器人"；新建一个序列，命名为"企业信息采集机器人"。

步骤 2：在活动面板查找【消息框】活动，并添加到序列中，输入："请选择企业信息模板文件"。

步骤 3：在活动面板查找【选择文件】活动，并添加到序列中，创建变量"企业信息模板"，变量类型为"String"。将变量填写在属性面板"输出—选择的文件"中，如图 4-3-14 所示。

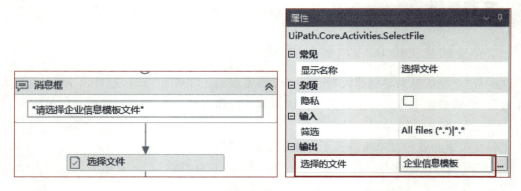

图 4-3-14　添加【消息框】活动和【选择文件】活动

步骤 4：在活动面板查找【消息框】活动，并添加到序列中，输入："请选择企业联系信息表"。

步骤 5：在活动面板查找【选择文件】活动，并添加到序列中，创建变量"企业联系信息表"，变量类型为"String"。将变量填写在属性面板"输出—选择的文件"中。如图 4-3-15 所示。

步骤 6：在活动面板查找【读取范围】活动，并添加到序列中，创建变量"企业信息模板内容"，变量类型为"DataTable"。打开"企业信息模板文件"，确认读取范围的开始位置。在属性面板"输入—工作簿路径"中输入"企业信息模板"，在"范围"中输入："A2"，在"输出—数据表"中输入变量"企业信息模板内容"。如图 4-3-16 所示。

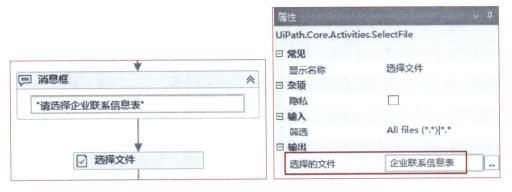

图 4 - 3 - 15　添加【消息框】活动和【选择文件】活动

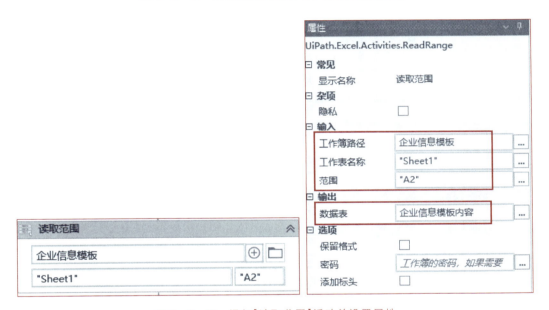

图 4 - 3 - 16　添加【读取范围】活动并设置属性

步骤 7：添加【对于每一个行】活动到序列中，在"输入"中填写变量"企业信息模板内容"，如图 4 - 3 - 17 所示。

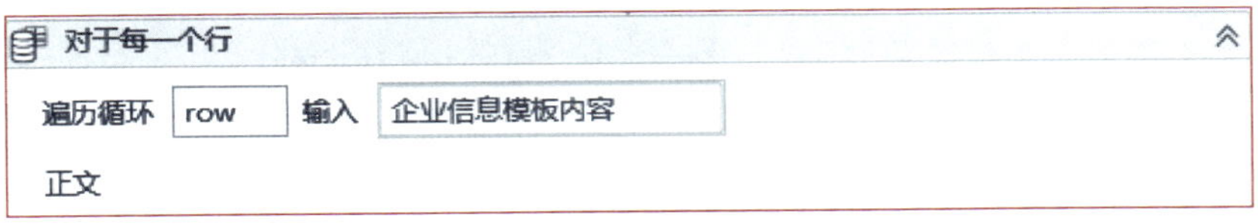

图 4 - 3 - 17　添加【对于每一个行】活动

步骤 8：添加【分配】活动到【对于每一个行】活动的正文中。创建变量"公司名称"，变量类型为"String"。在"＝"左边输入变量"公司名称"，"＝"右边输入"row(0).ToString"，效果如图 4 - 3 - 18 所示。

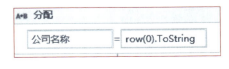

图 4 - 3 - 18　添加【分配】活动

步骤 9：添加【打开浏览器】活动到【对于每一个行】活动的正文中，【分配】活动的下方。输入企查查网站的网址："https://www.qcc.com"。在属性面板中将"选择浏览器类型"设置为"Chrome"。添加【最大化窗口】活动到【打开浏览器】活动中。点击菜单栏"调试文件"，查看是否成功打开企查查网站，并登录该网站，如图 4-3-19 所示。

图 4-3-19　添加【打开浏览器】活动并打开网站

步骤 10：从步骤 10 至步骤 21 都是依托浏览器中的内容去完成的，所以都是在【打开浏览器】活动的正文中去添加活动。在【最大化窗口】活动下方，添加【输入信息】活动。点击"指出浏览器中的元素"，在浏览器窗口选择搜索框，如图 4-3-20 所示。

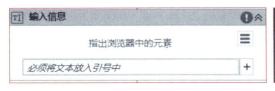

图 4 - 3 - 20　选择浏览器搜索框

步骤 11：在【输入信息】活动中输入变量"公司名称"，并点击"＋"号，选择"enter"。如图4 - 3 - 21 所示。

图 4 - 3 - 21　添加【输入信息】活动　　　　　图 4 - 3 - 22　选择"表格"

步骤 12：添加【单击】活动。手动打开浏览器，从企业信息模板文件中选择一个公司名称，在企查查网站进行搜索。点击【单击】活动的"指出浏览器中的元素"，在搜索结果中选择界面上的"表格"并单击，如图 4 - 3 - 22 所示，之后回到 UiPath 界面。

【温馨提示】

　　企查查网站的搜索结果，默认显示方式是"卡片"模式。不同的公司，电话和邮箱在网页中显示的位置不统一，这不利于屏幕元素的选择和定位，给后续提取不同公司的电话和邮箱带来巨大困难，甚至无法实现自动化操作。经过对比，如图 4 - 3 - 23 所示，选择"表格"模式后，公司的电话和邮箱显示位置比较统一，更容易实现屏幕元素的选择和定位。

图 4 - 3 - 23　企查查搜索结果"卡片"与"表格"模式对比

步骤13：添加【获取文本】活动，创建变量"tel"，变量类型为"String"，在属性面板"输出—值"中填写变量"tel"。点击"指出浏览器中的元素"，在网页界面选中公司的电话号码，如图4-3-24所示，之后回到 UiPath 界面。

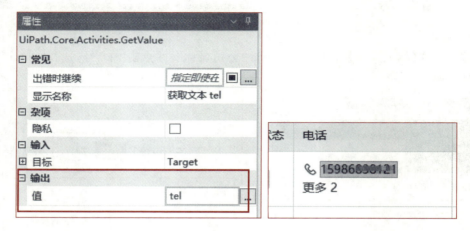

图 4-3-24　选择电话号码

【温馨提示】
　　如果只是获得某一个公司的电话号码，步骤13即可实现。但"企业信息采集"机器人的目标是自动搜索采集不同公司的电话号码和邮箱。这就需要页面中指定的位置必须适合不同公司的搜索结果。操作比较复杂，也是能否实现自动化采集公司信息的关键。

步骤14：点击添加【获取文本】活动右边的"　"，如图4-3-25所示，弹出菜单后选择"编辑选取器"。选择器编辑器打开后，点击下方的"在用户界面探测器中打开"，打开用户界面探测器，如图4-3-26所示。

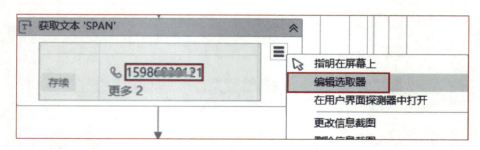

图 4-3-25　选择编辑选取器

步骤15：如果"验证"按钮显示红色，则需要点击"指出元素"，在网页中再次选中电话号码，直到"验证"按钮变为绿色，用户界面探测器如图4-3-27所示。
步骤16：观察图4-3-28底部，如果发现有"aaname"或者"idx"等内容，则表示本次选取的页面元素需要修改成通用的，否则找不到其他公司的电话号码。通过不断尝试选取右侧的"选定的项目"和"取消选定的项目"，直到底部没有"aaname"或者"idx"，亦可进行手动编辑。将"title"中的内容换成"＊的搜索结果-企查查"，"＊"的作用是通配符，目的是为了适配所有

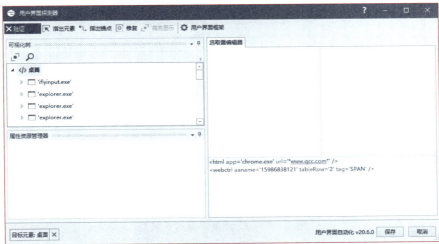

图 4-3-26　打开选择器编辑器

图 4-3-27　用户界面探测器

公司。"验证"按钮仍是绿色,则表示选择的页面元素是通用的位置,适用于获得所有公司的电话号码。最终确定公司电话号码的通用位置为"tableCol"="6","tableRow"="2","class"="Val",如图4-3-29所示。

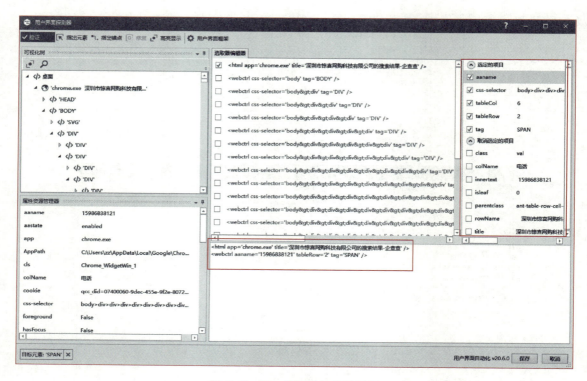

图4-3-28　选取器编辑器设置

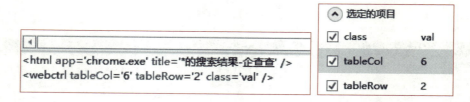

图4-3-29　确定电话号码通用位置

　　步骤17:添加【获取文本】活动,创建变量"email",变量类型为"String",在属性面板"输出一值"中填写变量"email"。点击"指出浏览器中的元素",在网页界面选中公司的电子邮箱,后续操作步骤与获取电话号码相同,不再赘述,最终确定公司电子邮箱的通用位置为"tableCol"="7","tableRow"="2","class"="Val",并将title的内容使用通配符"*"进行适配。如图4-3-30所示。

【温馨提示】
　　在开发阶段,建议"企业信息模板"中保留3~5个企业信息用即可,以便进行快速测试。通过用户界面探测器来获得元素在界面的位置,操作相对复杂,需要多些耐心、多些尝试和多进行练习。

图 4-3-30　设置电子邮箱的通用位置

步骤 18：添加【构建数据表】活动，创建变量"info"，变量类型为"DataTable"，在属性面板"输出—数据表"中填写变量"info"，如图 4-3-31 所示。点击"数据表"后打开界面如图 4-3-32 左侧所示，可以通过"添加""删除""编辑"按钮进行修改，最终完成如图 4-3-33 右侧所示效果。三列分别为"公司名称""电话"和"邮箱"。设置时注意"最大长度"选项，如果没有数量限制，可以输入"-1"，如图 4-3-33 所示。

图 4-3-31　添加【构建数据表】活动

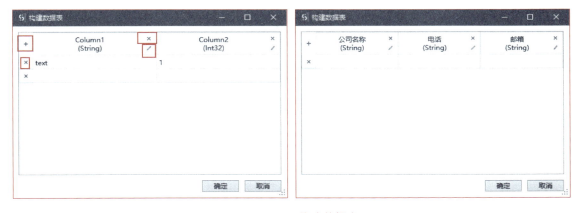

图 4-3-32　修改数据表

步骤 19：添加【添加数据行】活动，在属性面板"输入—数据表"中填写变量"info"，在"数组行"中填写"｛公司名称，tel，email｝"，如图 4-3-34 所示。

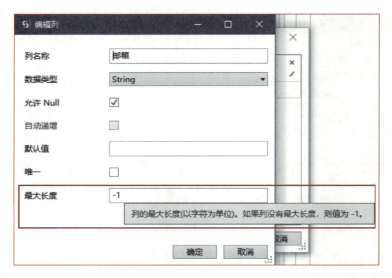

图 4－3－33 编辑列

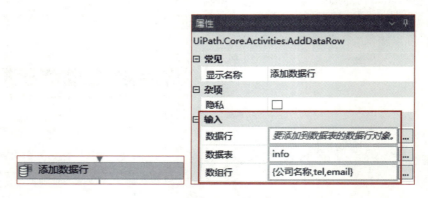

图 4－3－34 添加【添加数据行】活动并设置

【温馨提示】

"{公司名称,tel,email}"表示数组,大括号内是 3 个变量名称。表示将"公司名称""tel"和"email"3 个变量对应的值填入数据表中,即将公司的名称、电话号码、电子邮箱存到构建的数据表"info"中。

步骤 20:添加【终止进程】活动,在"流程名称"中填写""Chrome"",如图 4－3－35 所示。

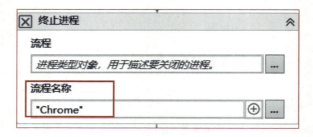

图 4－3－35 添加【终止进程】活动

【温馨提示】

　　此处【终止进程】活动的作用是将浏览器关闭。每搜索一个公司,就会自动打开一次浏览器,如果不及时关闭,会耗费大量系统资源,造成系统死机等问题。【终止进程】活动可以自动关闭打开的浏览器,这就保证只有一个浏览器在运行。

　　步骤21:添加【附加范围】活动,将构建的数据表"info"写入"企业联系信息表"中。设置如图4-3-36所示。

图4-3-36　添加【附加范围】活动并设置

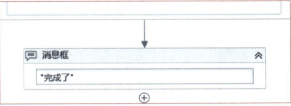

图4-3-37　添加【消息框】活动

　　步骤22:在活动面板查找【消息框】活动,并添加到【对于每一个行】活动下面,输入:"完成了",如图4-3-37所示。

　　步骤23:点击菜单栏中的"调试文件"按钮进行测试。程序运行完成之后,打开公司联系信息表,查看搜索结果。

【企业信息采集机器人操作大纲】

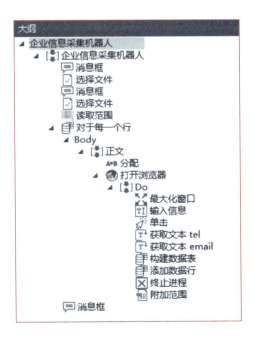

主要参考文献

[1] 孙月璠.RPA 财务机器人开发与应用(基础版)——基于 UiPath StudioX[M].北京：中国人民大学出版社,2021.

[2] 郭奕,赵旖旎.财税 RPA：财税智能化转型实战(精装)[M].北京：机械工业出版社,2020.

[3] 程平.RPA 财务机器人开发教程：基于 UiPath[M].2 版.北京：电子工业出版社,2021.

[4] 程平.RPA 财务机器人：原理、应用与开发[M].北京：中国人民大学出版社,2022.

[5] 陈虎.财务机器人 RPA 的财务应用[M].北京：中国财政经济出版社,2018.

[6] 财智未来编委会.RPA 财税机器人开发与应用[M].北京：电子工业出版社,2021.

[7] 李俊峰,王琳.财务机器人应用与开发[M].北京：高等教育出版社,2021.

[8] 李福,杨泽文.RPA 财务机器人应用与开发[M].大连：东北财经大学出版社,2021.

[9] 程淮中,蔡理强.RPA 财务机器人开发与应用[M].北京：高等教育出版社,2022.

教学资源服务指南

仅限教师索取

感谢您使用本书。为方便教学，我社为教师提供资源下载、样书申请等服务，如贵校已选用本书，您只要关注微信公众号"高职财经教学研究"，或加入下列教师交流QQ群即可免费获得相关服务。

"高职财经教学研究"公众号

资源下载：点击"**教学服务**"—"**资源下载**"，或直接在浏览器中输入网址（http://101.35.126.6/），注册登录后可搜索相应的资源并下载。（建议用电脑浏览器操作）

样书申请：点击"**教学服务**"—"**样书申请**"，填写相关信息即可申请样书。

试卷下载：点击"**教学服务**"—"**试卷下载**"，填写相关信息即可下载试卷。

样章下载：点击"**教材样章**"，即可下载在供教材的前言、目录和样章。

师资培训：点击"**师资培训**"，获取最新会议信息、直播回放和往期师资培训视频。

联系方式

会计QQ3群：473802328   会计QQ2群：370279388   会计QQ1群：554729666

（以上3个会计QQ群，加入任何一个即可获取教学服务，请勿重复加入）

联系电话：（021）56961310   电子邮箱：3076198581@qq.com

在线试题库及组卷系统

我们研发有10余门课程试题库："基础会计""财务会计""成本计算与管理""财务管理""管理会计""税务会计""税法""审计基础与实务"等，平均每个题库近3000题，知识点全覆盖，题型丰富，可自动组卷与批改。如贵校选用了高教社沪版相关课程教材，我们可免费提供给教师每个题库生成的各6套试卷及答案（Word格式难中易三档，索取方式见上述"试卷下载"），教师也可与我们联系咨询更多试题库详情。